中国华电
CHINA HUADIAN
CORPORATION LTD.

煤炭企业安全管理
一岗三述

中国华电集团有限公司　编著

中国电力出版社
CHINA ELECTRIC POWER PRESS

内容提要

中国华电集团有限公司运用人机工程学原理、海因里希法则、轨迹交叉理论等，紧密结合煤炭企业双重预防机制，创新提出了包含"岗位职责描述""安全风险及管控措施描述""隐患排查及现场安全确认描述"内容的安全确认管理法（简称"一岗三述"）。"一岗三述"是现场作业岗位首次将安全生产责任制、双重预防机制有机结合，运用"手指口述"形式进行现场安全确认管理，在中国华电煤炭企业率先成功实践。

本书共分为两篇，第一篇主要以煤矿为例，全面阐释"一岗三述"的理论渊源，系统研究其核心思想和内容，详细阐述"一岗三述"实施路径和保障措施；第二篇重点对煤矿、选煤厂、港口的主要关键岗位"一岗三述"描述内容进行统一规范，形成岗位示范。

本书紧密结合煤炭企业现场岗位作业特点，透彻分析安全管理重点、难点，用图例示范的形式，生动形象地展示"一岗三述"的现场实施标准，科学实用、简单易行、可操作性强，在煤炭企业安全管理理论和方法研究中作出了积极贡献，实现了安全管理的创新。

本书可作为煤炭企业从业人员现场作业工具书，帮助其快速掌握"一岗三述"实施要点，也可用于员工安全教育培训，提高员工安全意识和业务能力，有利于推动员工上标准岗、干标准活，实现员工自保互保联保的安全管理目标。

图书在版编目（CIP）数据

煤炭企业安全管理一岗三述 / 中国华电集团有限公司编著 . — 北京：中国电力出版社，2023.12

ISBN 978-7-5198-8422-2

Ⅰ . ①煤… Ⅱ . ①中… Ⅲ . ①煤炭企业－工业企业管理－安全管理－中国 Ⅳ . ① F426.21

中国国家版本馆 CIP 数据核字（2023）第 239243 号

出版发行：中国电力出版社
地　　址：北京市东城区北京站西街 19 号（邮政编码 100005）
网　　址：http://www.cepp.sgcc.com.cn
责任编辑：刘汝青（010-63412382）
责任校对：黄　蓓　常燕昆
装帧设计：赵姗姗
责任印制：吴　迪

印　　刷：北京瑞禾彩色印刷有限公司
版　　次：2023 年 12 月第一版
印　　次：2023 年 12 月北京第一次印刷
开　　本：787 毫米 ×1092 毫米　16 开本
印　　张：18
字　　数：356 千字
印　　数：0001—5500 册
定　　价：108.00 元

编 委 会

前言

中国华电集团有限公司（简称中国华电）煤炭产业历经十多年的发展，从无到有，逐渐壮大，所属华电煤业集团有限公司（简称华电煤业）已经步入5000万吨级特大型煤炭企业行列。在中国煤炭工业协会2022年8月发布的"2022中国煤炭企业50强""煤炭产量千万吨级以上企业"名单上，华电煤业分别位列第20位和第14位，连续11年荣登中国煤炭企业50强榜单。中国华电煤炭产业不断发展壮大，安全生产压力也逐年增加，如何统筹煤炭产业发展和安全、创新安全管理方法、确保安全生产，是我们面临的重要任务。

中国华电深入学习贯彻习近平总书记关于安全生产重要论述，坚持"人民至上、生命至上"和"安全第一、预防为主、综合治理"的方针，秉持安全是企业高质量发展的基石，是实现企业经济可持续发展的前提和保证，是提高职工生活质量、促进企业稳定的基础，必须从源头上防范化解重大安全风险。中国华电坚持将班组安全管理作为现场管理的重点，积极推动岗位安全自主管理的探索与实践，运用人机工程学原理、海因里希法则、轨迹交叉理论等，紧密结合煤炭企业双重预防机制，创新提出了包含"岗位职责描述""安全风险及管控措施描述""隐患排查及现场安全确认描述"内容的安全确认管理法（简称"一岗三述"），强化班组安全管理，落实岗位安全生产责任，打通了安全生产管理的"最后一公里"。"一岗三述"在山西石泉煤业有限责任公司试点推行并取得初步成功经验的基础上，中国华电在其所属煤矿、选煤厂、港口全面推行，并取得了较好的安全管理成效。

本书共分为两篇，第一篇主要以煤矿为例，全面阐释"一岗三述"的理论渊源，系统研究其核心思想和内容，详细阐述"一岗三述"实施路径和保障措施；第二篇重点对煤矿、选煤厂、港口的主要关键岗位"一岗三述"描述内容进行统一规范，形成岗位示范。

本书坚持"安全统领、实践创新、岗位示范、简洁实用"的原则，实现科学严谨性、管理创新性、简明实用性的有机结合统一。本书以实现煤炭企业双重预防机制安全管理为主要目标，对岗位安全风险分级管控和事故隐患排查治理开展理论与实践研究。"一岗三述"是现场作业岗位首次将安全生产责任制、双重预防机制有机结合，运用"手指口述"形式进行现场安全确认管理，在中国华电煤炭企业率先成功实践。本书科学实用、简单易行、可操作性强，在煤炭企业安全管理理论和方法研究中作出了积极贡献，实现了安全管理的创新。

　　本书紧密结合煤炭企业现场岗位作业特点，透彻分析安全管理重点、难点，用图例示范的形式，生动形象地展示"一岗三述"的现场实施标准，进一步完善岗位操作流程和标准，防范不安全行为的发生。

　　本书可作为煤炭企业从业人员现场作业工具书，帮助其快速掌握"一岗三述"实施要点，也可用于员工安全教育培训，提高员工安全意识和业务能力，有利于推动员工上标准岗、干标准活，实现员工自保互保联保的安全管理目标。

　　受作者水平及编写时间所限，书中难免会有疏漏与不足之处，期待广大读者批评指正。

编著者

2023 年 11 月

目　录

前言

第一篇　"一岗三述"理论与实践

第一章 "一岗三述"概述 …………………………………………… 02
第一节　推行背景 …………………………………………………… 02
第二节　试点推行 …………………………………………………… 02
第三节　推行意义 …………………………………………………… 04

第二章 "一岗三述"理论基础 ………………………………… 06
第一节　人机工程学原理 ………………………………………… 06
第二节　海因里希法则 …………………………………………… 09
第三节　轨迹交叉理论 …………………………………………… 10
第四节　双重预防机制 …………………………………………… 12

第三章 "一岗三述"主要内容 ………………………………… 14
第一节　"一岗三述"内涵 ……………………………………… 14
第二节　"一岗三述"描述标准 ………………………………… 15
第三节　"一岗三述"具体内容 ………………………………… 17

第四章 "一岗三述"实施路径 ………………………………… 19
第一节　"一岗三述"系统诊断 ………………………………… 19
第二节　"一岗三述"系统构建 ………………………………… 22
第三节　"一岗三述"系统优化 ………………………………… 26

第五章 "一岗三述"保障措施 ………………………………… 28
第一节　组织保障 ………………………………………………… 28
第二节　技术保障 ………………………………………………… 29
第三节　制度保障 ………………………………………………… 31
第四节　考核保障 ………………………………………………… 32

第二篇 "一岗三述"示范

第六章　煤矿岗位描述示范 ·········· 34

第一节　岗位示范清单名录 ·········· 34

第二节　安全管理专业岗位描述示范 ·········· 38

第三节　"一通三防"专业岗位描述示范 ·········· 46

第四节　采煤专业岗位描述示范 ·········· 78

第五节　掘进专业岗位描述示范 ·········· 100

第六节　机电专业岗位描述示范 ·········· 116

第七节　运输专业岗位描述示范 ·········· 138

第八节　地测防治水专业岗位描述示范 ·········· 164

第九节　冲击地压防治专业岗位描述示范 ·········· 168

第七章　选煤厂岗位描述示范 ·········· 172

第一节　岗位示范清单名录 ·········· 172

第二节　选煤工艺专业岗位描述示范 ·········· 174

第三节　选煤机械专业岗位描述示范 ·········· 194

第四节　选煤电气自动化专业岗位描述示范 ·········· 198

第八章　港口岗位描述示范 ·········· 204

第一节　岗位示范清单名录 ·········· 204

第二节　调度专业岗位描述示范 ·········· 206

第三节　装卸专业岗位描述示范 ·········· 218

第四节　机械维修专业岗位描述示范 ·········· 232

第五节　电气维修专业岗位描述示范 ·········· 244

第六节　港口流动机械专业岗位描述示范 ·········· 252

第七节　火车调度专业岗位描述示范 ·········· 258

第八节　协作专业岗位描述示范 ·········· 266

第一篇
"一岗三述"理论与实践

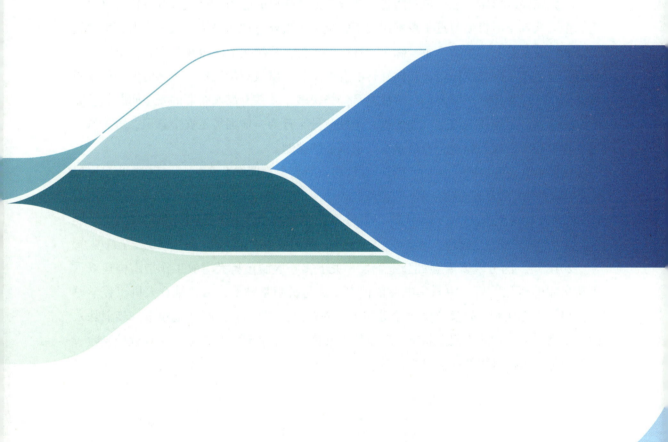

第一章
"一岗三述"概述

第一节　推行背景

党的十八大以来，以习近平同志为核心的党中央高度重视安全生产工作。习近平总书记对安全生产工作多次发表重要讲话、作出重要批示，强调生命重于泰山，层层压实责任，狠抓整改落实，强化风险防控，从根本上消除事故隐患，有效遏制重特大事故发生。企业认真学习贯彻习近平总书记关于安全生产重要论述，坚持"人民至上、生命至上"和"安全第一、预防为主、综合治理"的方针，从源头上防范化解重大安全风险，全国安全生产呈现总体稳定、趋向好转的发展态势，事故总量逐年减少。但重点行业领域安全生产形势依然严峻复杂，事故总量仍然较多，尤其是煤炭企业的安全问题仍较突出，安全生产工作任重道远。如何进一步规范员工行为，增强员工安全意识，培养员工自主管理能力，成为煤炭企业最基本、最核心的课题。

中国华电高度重视安全生产工作，始终将班组安全管理作为重点，坚持树立现场岗位安全管理是筑牢煤矿安全生产第一道防线的理念，并将岗位安全管理作为班组安全管理的重点。煤矿班组安全建设以"作风优良，技能过硬，管理严格，生产安全，团结和谐"为总要求，着力加强现场安全管理、班组安全教育培训、班组安全文化建设、班组岗位安全管理。

2016 年，国务院安委会办公室下发《关于实施遏制重特大事故工作指南构建双重预防机制的意见》后，中国华电在推行双重预防机制基础上，紧密结合人机工程学原理、海因里希法则、轨迹交叉理论等知识，创新提出"一岗三述"，通过进一步消除人的不安全行为、物的不安全状态、环境的不安全因素、管理上的缺陷，实现管控风险、消除隐患、预防事故的安全目标。

第二节　试点推行

2019 年 10 月 31 日，中国华电印发了《关于开展"一岗三述"安全确认管理工作的通知》，在山西石泉煤业有限责任公司先试先行，积累了宝贵经验，进一步丰富了具有华电煤炭特色的企业安全文化。

（一）实施过程

试点单位采取了调研准备、文本编写、自主培训、试点推行、全面推广、总结提升六个步骤实施。

1. 调研准备。为确保"一岗三述"符合岗位作业标准及生产实际，试点单位积极调研，充分了解操作人员的操作习惯，掌握岗位的特点和差异，确定关键岗位，为制定"一岗三述"具体内容收集基础资料。

2. 文本编写。成立"一岗三述"文本编写委员会，由班组根据各自员工岗位实际进行文本初稿编写，然后组织讨论修订，汇成统一模板的总稿。总稿经审核报送编写委员会终审后，形成"一岗三述"手册。

3. 自主培训。"一岗三述"文本编写完成后，按照岗位分级分类自主组织培训。各级管理人员深入一线，对"一岗三述"开展情况进行指导和效果评估。通过开展竞赛，以赛促学，营造浓厚氛围，充分调动员工学习积极性，提升员工对"一岗三述"的认知和应用能力。

4. 试点推行。选择代表性强的关键岗位试点先行，过程中实行日评价、周总结，做到问题早发现早反馈，编写委员会及时根据具体问题具体分析，制定改进措施，并对文本进行修订。

5. 全面推广。总结初期关键岗位试点推行的经验，以点带面，逐步推广到其他所有岗位，做到全员参与"一岗三述"，促进员工上标准岗、干标准活，提高岗位作业的安全管理水平。

6. 总结提升。"一岗三述"文本编写委员会定期组织召开研讨会，总结经验，分析不足，制定改进措施和方案，并在推行过程中，不断总结提升，切实发挥其在现场岗位作业安全管理中的作用。

（二）实施效果

1. 人员素质得到提高。促进员工专注力提高，增强了员工的安全防范意识，促使员工操作的规范性、完整性、准确性得到提高。实施"一岗三述"以来，主要岗位人员的不安全行为同比减少了87%，问题隐患同比减少了62.7%。

2. 机电安全得到保障。实施"一岗三述"后，员工作业行为得到进一步规范，机电设备得到精心维护和检修，机电设备的完好率进一步提升。

3. 品牌效应得到提升。"一岗三述"实施后，与试点单位交流对标的单位逐步增加，品牌效应持续扩大，企业社会形象得到进一步提升。

第三节 推行意义

中国华电综合人机工程学原理、海因里希法则、轨迹交叉理论等知识及双重预防机制，针对煤矿作业工序复杂、风险隐患较多和动态变化的特点，结合企业管理实践，推行"一岗三述"，有效规范员工安全作业行为，提高员工作业技能，系统地将双重预防机制落实到每个作业岗位，打通了安全管理的"最后一公里"，是实现人、机、环、管高度统一和安全生产关口前移、重心下移的充分体现，有效促进煤炭企业安全管理水平提升（见图 1-1-1）。

图 1-1-1 "一岗三述"推行意义

（一）推动岗位安全生产责任制落实

落实岗位安全生产责任制是压实全员安全生产责任的核心工作。"一岗三述"有效结合岗位安全生产责任制，编制岗位职责，并要求岗位作业人员进行描述、落实和确认，能够切实提高岗位人员的责任意识、安全意识、安全技能，推动安全生产责任制在岗位作业中有效落实。

（二）推动双重预防机制落地

双重预防机制的核心是管控风险、消除隐患、关口前移、源头治理，防范事故的发生。生产一线员工是落实岗位风险管控和隐患排查的关键，通过"一岗三述"的应用，能够引导员工自主开展岗位风险辨识与评估，制定有效的防范措施，并与岗位作业规程、标准及流程相结合，对管控措施的有效性和事故隐患排查进行确认，促使风险管控和隐患排查到位，保证了双重预防机制落地。

（三）纠正作业者不安全行为

"一岗三述"能够使员工掌握岗位安全职责，不敢违章；使员工清楚安全风险，不愿违章；使员工针对安全风险，实施有效安全管控，排查安全隐患，规范操作，不易违章；使员工进行现场安全确认，提升自身素质，不想违章。

（四）促使作业者集中注意力

现场作业人员受情绪影响会出现注意力分散、心不在焉，难以进入工作状态。作业前通过开展风险辨识与制定管控措施、隐患排查与消除，促使作业者熟知作业现场实际情况，使注意力高度集中；采用"手指口述"的形式对安全风险管控措施执行和安全隐患排查情况进行安全确认，通过脑、眼、耳、口、手集中联动，刺激操作者的大脑，促使作业者集中注意力，快速进入工作状态，既能确保作业安全，又能提高工作效率。

（五）增强作业者操作精准度

通过开展"一岗三述"，能够使作业者全面系统地排查作业环境、设备设施、材料工具的完好情况，清晰准确把握作业过程中的安全关键点，减少误操作，消除安全隐患，不仅能快速消除操作者注意力的空白、盲区，而且能提高操作者的操作精准度。

（六）实现作业者思想行为高度统一

安全管理重点在区队，核心在班组，关键在岗位，班组岗位的安全管理是企业安全管理的核心关键所在。推行"一岗三述"，能够促使班组岗位管理做到三个到位。第一，班前计划与准备到位。班前安全预想，从工作布置情况排查可能存在的风险，对本班作业进行安全提醒。第二，班中管理与控制到位。岗位作业前根据班前会安全预想可能存在的风险，认真进行排查，进行安全确认，现场作业认真分析动态风险，及时排查隐患，将事故遏制在萌芽状态。第三，班后总结与提升到位。交接班期间将当班风险排查治理情况及下一班可能存在的风险进行告知，对下一班岗位进行安全提醒，做到自保、互保、联保。现场作业人员在"一岗三述"执行过程中，通过对岗位职责、安全风险及管控措施、隐患排查及现场安全确认的描述，促进员工有效辨识风险、排查隐患，实现全过程风险管控，形成风险识别、隐患排查、安全确认的闭环管理，实现安全管理各要素高度统一。

（七）提升现场作业人员综合素质

培养一支高素质员工队伍，是实现企业可持续发展的需要。近年来，大部分企业持续开展了各种管理提升活动，虽然取得了一定成效，但现场仍有部分员工因为生理、心理、素质等因素而出现违章作业行为。推行"一岗三述"，能够提高员工安全意识，提升安全作业技能，规范员工安全行为，增强员工自保、互保、联保能力，是建设一支职业道德好、业务技术精、执行能力强的高素质队伍的重要管理抓手。

第二章
"一岗三述"理论基础

第一节　人机工程学原理

一、人机工程学本质内涵

人机工程学又称人因工程学、人体工程学、人类工效学等。人机工程学主要研究人、机、环境之间的相互关系，主要讨论怎样使人与机互相适应，更加协调、高效和安全。人机工程学将使用"人"和人所设计的"机"以及"人"与"机"所共处的环境作为一个系统来讨论，称为"人－机－环境"系统。这个系统中，人、机、环境三个要素之间互相作用、互相依存的关系决定着系统总体的性能。

二、人机工程系统在煤矿安全中的应用

煤炭行业是我国事故多发、伤亡率最高的行业之一。深入研究事故多发原因，除了特别的生产环境条件之外，主要是安全管理理念和方法的局限。人机工程学运用人体测量学、生理学、心理学、系统科学、管理学及工程技术等理论，来研究人、机、环境之间的关系，通过科学严谨的设计，实现人机系统的协调高效和安全生产的高度统一。

根据人机工程学理论，在任何一个人类活动场所，总是包括人、机和环境。人是指活动的人体即安全主体，人是有意识、有目的地操作机器和掌握环境，同时又接受其反作用。机包括劳动工具、机器、劳动手段、环境条件等全部与人相关的物质因素。环境是人与机在信息交换和功能上接触和相互影响的领域。煤矿的人－机－环境系统既受到地质水文等自然因素的影响，又受到企业技术水平和人员素质等因素制约。

人、机、环境之间是互相联系的一个系统工程，人机工程学以人为中心，是研究人－机－环境系统如何协调、高效、安全工作的科学。应用到煤矿安全生产中，可以使

煤矿安全生产从单元管理达到系统管理，从事故应急达到超前预防，从重视生产达到以人为本。人机工程学在煤矿安全生产广泛推广应用，对煤矿减少事故发生、提高生产效率、实现安全生产、增加经济效益和社会效益，产生了积极深远影响。

三、煤矿安全生产人机工程学分析

近年来，随着煤炭生产机械化水平的提高，煤矿井下人－机－环境系统越来越复杂，如果这种复杂的人机系统处理不好，不仅影响到煤矿生产效率，而且还会影响到煤矿安全。

（一）煤矿安全生产中人的因素分析

1.人的生理因素。煤矿的安全作业要求具有较高的感觉能力，特别是在井下不安全因素较多的生产岗位，较高的感受性有利于觉察一些微弱的信息，尤其是一些危险征兆。相反，如果一些矿工的感觉能力不足或是由于劳累而引起过度疲劳，这些情况都会造成矿工的反应迟钝和动作不准确，遇到危险信息时往往不能及时发现或不能迅速作出反应，构成严重的危险因素。

2.人的心理因素。影响人的正常工作的心理因素主要体现在：

（1）按照自己的意愿判断事物，因为侥幸、自信、麻痹等心理导致失误的发生；

（2）过度紧张或兴奋导致矿工的精力不能集中，对危险因素的预见和分析产生影响，容易发生人为失误；

（3）以自我为中心，好胜心强，急功近利，无视规章制度；

（4）遇事冲动，缺乏自我控制能力，轻率，不能沉着冷静地应对突发事件。

3.人的素质因素。一些员工素质低，对危险的认识程度不够，不能及时地处理不安全因素；不能正确地理解有关规定，无意识地违反安全规程从而出现失误；缺乏系统性的技术知识，对矿井的一些新方法和新工艺不能理解和接受，操作技能差，缺乏安全意识。

（二）煤矿安全生产中机的因素分析

在煤矿人－机－环境系统中，机器是由人来操作进行作业生产的工具，机械设备的工况性能问题，也是造成煤矿安全事故的主要因素。机械设备由于设计不合理、安全性能差、出现故障等，从而造成事故的发生。机的原因引发的不安全因素，主要表现在以下几个方面：

1.部分矿井机械化、自动化程度低，用人多，缺乏自动安全防护功能；

2.设备选型与本矿地质条件、煤层厚度不适宜，设备效能发挥失常；

3.机械设备质量有问题，安全可靠性差，导致设备故障；

4.大功率机电液一体化采掘机械结构复杂，外形粗大、笨拙、带棱角，使人产生压迫感与操作困难；

5.井下机械设备带病运行，影响到操作人员的心理和工作状态。

（三）煤矿安全生产中环境的因素分析

在煤矿人－机－环境系统中，井下生产作业环境是人、机在信息交换和功能上接触或相互影响的结合面（或称界面），是影响煤矿人－机－环境系统安全的又一重要因素。

煤矿大部分是井下作业，特殊的作业特点导致煤矿整体工作环境比较恶劣。

一般来说，引发安全事故的有关环境因素，主要表现在以下几个方面：

1.随着井下采掘范围的扩大，煤矿自然灾害增多，包括水、火、瓦斯、煤尘、顶板、冲击地压等；

2.河流水库、盗采沙坑等地面隐患可能给井下带来的安全风险，引发安全事故；

3."三下开采""复采""残采"等特殊开采，由于作业条件异常而发生事故；

4.煤矿井下工作面空间狭小、机器噪声、振动、温度、湿度以及照明通风条件较差等因素，影响矿工身心健康导致事故；

5.井下系统、巷道、采掘设计布局不合理导致事故；

6.因人员检修不到位引发设备故障。

我国的煤矿大部分是地下开采，受自然条件所限，现场工作环境狭小、黑暗、高温、高湿，又存在较多的污染因素和危险因素。随着开采过程的不断移动，作业环境也在不断改变和恶化。作业场所处于井下深处有限的空间，矿工受到各种危险因素的影响，造成精神上的压抑感，继而产生精神不振、工作厌倦等现象，不能及时排查所处工作环境的危险因素，极易造成人身安全事故。

从人机工程学原理中人、机、环境三要素分析，人是安全主体，又是具有多种缺陷的个体，工作过程中注意力容易分散和产生错觉，习惯走"捷径"，是事故发生的主要因素。"一岗三述"强化了员工安全技能的训练，有利于提高操作人员的注意力和思维连续性，最大程度地减少了作业人员的误判断和误操作的发生，是人机工程学原理在企业现场安全管理的创新实践。

第二节 海因里希法则

一、海因里希法则的起源

1941 年，美国著名安全工程师海因里希统计了 55 万件机械事故，其中死亡、重伤事故 1666 件，轻伤 48334 件，其余则为无伤害事件。从而得出一个重要结论，即在机械事故中，死亡或重伤、轻伤以及无伤害事件的比例为 1∶29∶300，国际上把这一法则叫事故法则，如图 1-2-1 所示。

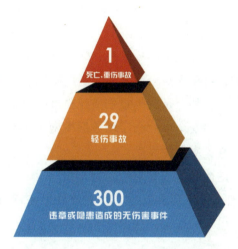

图 1-2-1 海因里希法则示意图

二、海因里希法则的核心思想

对于不同的生产过程，不同类型的事故，死亡或重伤、轻伤以及无伤害事件的比例关系不一定完全相同，但这个统计规律说明了在进行同一项活动中，无数次意外事件，必然导致重大伤亡事故的发生。而要防止重大伤亡事故的发生，必须减少和消除无伤害事件，要重视事故的苗头和未遂事故，否则终会酿成大祸。例如，某机械师企图用手把皮带挂到正在旋转的皮带轮上，因未使用拨皮带的杆，且站在摇晃的梯板上，又穿了一件宽大长袖的工作服，结果被皮带轮绞入碾死。事故调查结果表明，他这种上皮带的违章行为已有数年之久。查阅其四年病志（急救上药记录），发现他有 33 次手臂擦伤后治疗处理记录，他手下工人均佩服他手段高明，结果还是导致死亡。这一事例说明，重伤和死亡事故虽有偶然性，但是不安全因素或动作在事故发生之前已暴露过许多次，如果在事故发生之前，抓住时机，及时消除不安全因素，许多伤亡事故是完全可以避免的。该起事故充分体现了海因里希法则预防事故连锁关系：要预防重伤死亡事故，必须预防轻伤事故；要预防轻伤事故，必须预防无伤害事件；要预防无伤害事件，必须消除人员违章行为和事故隐患。

三、海因里希法则的启示

海因里希法则告诉我们，"偶然性"违章不一定就引发事故，但事故背后必然性地存在着违章行为，这也充分印证了哲学上的"质量互变"规律，即事故隐患——"量"的累积，必然导致安全事故——"质"的改变。海因里希法则有力地驳斥了一些人的"事故不可避免论"。如果我们能够始终坚持"安全第一、预防为主、综合治理"的方针，有效杜绝"三违"现象，实现生产零隐患，那么就一定能够实现安全零事故的安全目标。根据海因里希法则，若在煤炭企业发生大量的隐患或违章造成的无伤害事件，就可能会发生若干起轻伤事故，甚至是发生重伤或死亡事故。煤炭企业也可运用此法则，根据本企业实践建立起具体的安全事故金字塔数据模型，在安全管理过程中全力消除事故隐患或违章，从而可以避免事故的发生。

海因里希法则的根本是控制违章和事故隐患，我们运用"一岗三述"规范员工安全风险管控重点、事故隐患排查流程和标准，就能够杜绝违章行为的发生和消除事故隐患，敲碎安全事故"金字塔"的基础，从而能够实现防止生产安全事故的目标。

第三节 轨迹交叉理论

人的特点导致人会犯各种错误，人的错误主要分为两类：一类是因为没有掌握正确知识而犯下的错误，一类是因为掌握了正确的知识却没有正确应用而犯下的错误。在煤矿几百米深的井下，工作环境较恶劣，在各种工作压力之下，即使再优秀的矿工也可能会出现遗漏关键步骤的不安全行为，进而可能导致事故的发生。

从煤矿的生产实践中可知，人在一天的工作中大概率会出现几次不安全行为，而一个煤矿每年可能出现的隐患或故障高达几百项，甚至上千项。但在煤矿实际生产中，并不是每年都发生事故，只有当人的不安全行为和物的不安全状态在各自发展过程中（轨迹），在一定时间、空间发生了接触（交叉），能量转移于人体时，伤害事故才会发生。而人的不安全行为和物的不安全状态之所以产生和发展，又是受多种因素作用的结果，主要是受事故运动轨迹交叉的作用，具体包括人的因素运动轨迹和物的因素运动轨迹。

一、人的因素运动轨迹

人的不安全行为基于生理、心理、环境、行为几个方面而产生，例如：酒后上岗或精神状态不好上岗；冒险进入危险场所；未穿戴劳动防护用品上岗；操作错误、忽视安全、忽视警告上岗；使用不安全的工具或设备上岗。

二、物的因素运动轨迹

在物的因素运动轨迹中，在生产过程各阶段都可能产生不安全状态，例如：设备选用不符合要求、巷道布置不合理、采矿方法不适应等设计上的缺陷；生产工艺流程上的缺陷；设备巡视检查不仔细、保养不及时、检修不到位等设备上的缺陷；设备超负荷运行、设备带病运行等使用上的缺陷；作业场所中存在的有毒有害气体、煤尘、辐射源等环境上的缺陷。

三、两个因素的运动轨迹交叉

在事故发展进程中，人的不安全行为和物的不安全状态发生在同一时间、同一空间，或者说人的不安全行为与物的不安全状态相遇，从而造成两种诱发事故的因素发生耦合叠加效应，则将导致在此时间、空间内发生事故概率大幅增加，如图1-2-2所示。

"一岗三述"运用"手指口述"的形式对预知风险管控措施进行确认，并按照作业流程排除事故隐患，消除了人的不安全行为，控制了物的不安全状态，进而中断了两事件链的连锁，避免了轨迹交叉，则两种因素在同一时间、同一空间的耦合叠加效应将不会发生，从而有效控制了事故发生的概率。

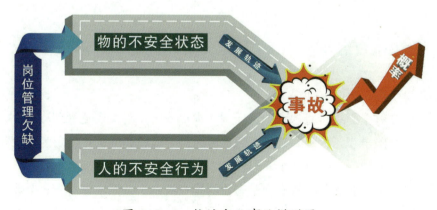

图1-2-2　轨迹交叉事故模型图

第四节　双重预防机制

2015 年，习近平总书记在第 127 次中共中央政治局常委会会议上明确要求，对易发重特大事故的行业领域，要采取风险分级管控、隐患排查治理双重预防性工作机制，推动安全生产关口前移。2016 年，国务院安委会办公室印发《关于实施遏制重特大事故工作指南构建双重预防机制的意见》，推进构建安全风险分级管控和隐患排查治理双重预防机制（简称双重预防机制），全面推行安全风险分级管控，进一步强化隐患排查治理，提升安全生产整体预控能力，夯实遏制重特大事故的坚强基础。

一、安全风险分级管控

包括四个过程：

第一，风险辨识。辨识风险点有哪些危险物质和能量（这是导致事故的根源），辨识这些根源在什么情况可能会导致什么事故。

第二，评价分级。利用风险评价准则，评价风险点导致各类事故的可能性与严重程度，对风险进行评价分级。

第三，制定措施。根据风险的分级，制定相应的管控措施。

第四，风险管控。即对风险的管控，把风险管控在可接受的范围内。

安全风险分级管控是日常工作中的风险管理，岗位作业人员在岗位安全风险管控工作中熟知岗位职责有利于促进安全责任心的提高和安全意识的增强，牢固树立"安全第一"的理念。从岗位工作性质、工作场所环境、设备工具使用、人员行为等多个角度进行安全风险精准辨识，对辨识出的安全风险进行评估，根据风险的严重程度、影响范围等因素，确定风险等级，并制定相应的控制措施，从根本上进行风险控制，降低风险程度，确保工作场所存在的风险可控、在控。

二、隐患排查治理

包括四个步骤：

第一，建立健全隐患排查治理的责任制和规章制度，落实规范管理。

第二，在风险辨识、评价基础上，通常将风险等级较高的部位确定为事故隐患排查重点部位，建立事故隐患排查清单。

第三，建立事故隐患判定标准和常态化的排查机制，按照动态排查、节假日排查或专项排查等排查周期制定隐患排查计划或方案，开展隐患排查。

第四,事故隐患排查和整改闭环验收评价,按照"五定"原则落实隐患整改闭环销号。

事故隐患排查治理就是岗位作业人员从作业现场的生产设备、工艺到环境,从人员思想意识到现场作业的每一个环节进行隐患排查,及时发现生产薄弱环节和安全隐患,查找不安全因素,排查过程中要做到及时查找、及时汇报、及时解决、及时记录,确保安全生产,消除事故隐患。

双重预防机制是构筑防范生产安全事故的双重防火墙。第一重是管风险,以安全风险辨识和管控为基础,从源头上系统辨识风险、分级管控风险,把各类风险控制在可接受范围内;第二重是治隐患,以隐患排查和治理为手段,认真排查风险管控过程中出现的缺失、漏洞和风险,控制失效环节,坚决把隐患消灭在事故发生之前。

双重预防机制的核心是控制安全风险和消除事故隐患,而"一岗三述"是让员工对标对表落实本岗位安全风险管控和隐患排查,它是企业落实双重预防机制的重要手段,也是落实安全生产关口前移的有效手段。

第三章

"一岗三述"主要内容

第一节 "一岗三述"内涵

"一岗三述"是对作业的准备工作进行一次系统的检查核实，是双重预防机制在作业现场的落实，是现场安全的再一次确认。它既是一种先进务实的思维理念，又是一种科学创新的管理模式，也是一种系统实用的管理技术，可作为一种可操作的工作方法。

（一）"一岗三述"是一种先进务实的思维理念

综合近年来国内外大量的煤矿事故原因分析，约90%的事故是由于员工安全意识淡薄、行为不规范、习惯性违章以及事故隐患所导致的。"一岗三述"利用"手指口述"的形式，在工作现场严格落实岗位职责，严控安全风险，进行隐患排查确认，提升员工安全风险意识，强化员工安全理念，是一种与时俱进、先进务实的思维理念。

（二）"一岗三述"是一种科学创新的管理模式

"一岗三述"科学运用人机工程学的人－机－环境系统理论，针对煤炭企业量身打造，对煤炭企业工作现场的人、机、环、管实行精准管控，重点解决生产现场存在的安全问题，是国内企业安全管理的理论创新，是煤炭企业首次在生产现场管理创新实践的先进安全管理模式。

（三）"一岗三述"是一种系统实用的管理技术

习惯性违章作业具有隐蔽性、易发性、难改性、危害性等特征，是安全生产的"绊脚石""拦路虎"。"一岗三述"将各个现场岗位的工作流程与人机工程学技术实现科学融合，形成精准务实、易懂易操作的安全管理工作方法，通过员工"手指口述"形式进行现场安全确认，形成系统实用的安全管理技术。

第二节 "一岗三述" 描述标准

一、岗位职责描述标准

1. 岗位职责描述必须包含岗位名称、岗位职责及岗位安全生产责任制三方面内容。
2. 岗位安全生产责任制内容精简优化，尽可能以精练的短语进行提炼总结。
3. 格式统一为 "我是什么工种，主要负责什么，确保什么"。

二、安全风险及管控措施描述标准

1. 描述内容围绕人、机、环、管、其他五方面进行，以 4~6 条为宜。
2. 根据岗位安全风险进行分级，重大或较大风险序号前用 "*" 标注。
3. 安全风险辨识必须针对岗位的特点开展。
4. 描述内容必须突出重点且精简凝练实用，便于掌握。
5. 管控措施应与安全风险一一对应。

三、隐患排查及现场安全确认描述标准

1. 描述内容必须符合安全法律法规和规章制度。
2. 描述内容必须与安全风险的管控措施相统一。
3. 隐患排查必须依据相关标准规范，符合岗位作业流程。
4. 安全确认必须与现场隐患排查内容紧密结合，从正向角度进行确认。

四、"手指口述" 标准

（一）现场描述标准

1. 表达流畅，声音洪亮、平稳，将岗位 "一岗三述" 内容表达清晰、完整。
2. 描述内容简洁、措辞准确，符合岗位操作流程和规范。
3. 准确描述安全措施执行情况、环境和隐患状况，判定安全作业条件，消除存在问题隐患。

（二）现场操作标准

1. 体态端正。立正，双手下垂，目视环境、设备设施。

2. 观察设备、环境。通过目视，收集现场实际信息。

3. 手指设备、环境。确认设备、环境与描述内容一致，确认设备和环境安全。

4. 准确操作。现场执行精准，体现岗位作业特点，操作标准，简洁流畅，与"一岗三述"内容一致，防止误操作。

5. 眼手协同。目光要与手指配合观察，全神贯注，确认时目视确认对象。"一岗三述"现场动作执行示范如图1-3-1~图1-3-3所示。

图1-3-1　"一岗三述"动作执行示范一

图1-3-2　"一岗三述"动作执行示范二

图 1-3-3 "一岗三述"动作执行示范三

第三节 "一岗三述"具体内容

一、岗位职责描述

岗位是组织为完成某项任务而确立的，职责是职务与责任的统一。企业通过制定岗位职责，让员工自己真正明白岗位的工作内容。岗位的目标设定、准备实施、实施后的评定工作都必须由岗位员工承担，这样可以让岗位员工认识到本岗位中所存在的问题，主动发挥自我判断、独立解决问题的能力。因此，企业应激励各岗位员工除了主动承担自己必须执行的本职工作外，也应主动参加自我决策和对工作完成状况的自我评价。

岗位职责描述是岗位员工对岗位名称、主要工作职责内容进行描述，通过全面掌握岗位职责及要求，强化员工安全意识，全方位、全过程落实岗位安全生产责任制。

例如，瓦斯检查工"一岗三述"的岗位职责描述：

我是瓦斯检查工，主要负责井下分工区域甲烷、二氧化碳等有毒有害气体检测、汇报及隐患处理，确保"一通三防"设施检查到位、现场应急处置及时。

二、安全风险及管控措施描述

安全风险及管控措施描述是对岗位存在的安全风险、可能导致的安全危害以及相应的管控措施进行综合描述，做到防患于未然。

例如，瓦斯检查工"一岗三述"的安全风险及管控措施描述：

安全风险：

1. 未持证上岗，精神状态不佳，入井后可能发生事故。

*2. 甲烷检测报警仪不完好，测值不准确；入井后未清洗气室、调零，可能发生瓦斯超限，引发瓦斯事故。

3. 未检查局部通风机是否有循环风及专人挂牌管理，导致隐患处置不及时，可能引发事故。

*4. 瓦斯超限、无计划停电停风、排放瓦斯等应急情况处置不当，可能发生事故。

5. 瓦斯检查未做到"三对口"，导致瓦斯检查不到位，隐患处置不及时；风筒超距、连接不规范、漏风，导致作业地点无风、微风，可能引发事故。

管控措施：

1. 上岗前充分休息，保持良好的精神状态，检查证件是否佩带。

2. 入井前，按规定进行仪器完好情况检查；入井后，在与待测地点温度和压力相近的新鲜风流中清洗气室、调零。

3. 按规定检查局部通风机吸风口至回风口段是否有循环风。

4. 发现瓦斯超限、无计划停电停风等紧急情况，必须停止工作、撤出人员、采取措施、进行处理、汇报调度，严格执行瓦斯分级排放制度。

5. 严格执行瓦斯巡回检查、请示报告制度；按标准进行风筒连接吊挂。

三、隐患排查及现场安全确认描述

隐患排查及现场安全确认描述是对生产过程中各工序、各环节存在的关键性安全隐患排查情况，进行现场安全确认，消除存在的不安全因素。

例如，瓦斯检查工"一岗三述"的隐患排查及现场安全确认描述：

隐患排查及现场安全确认：

1. 已经过瓦斯检查工专业培训，持证上岗；精神状态良好，符合入井条件。

2. 甲烷检测报警仪气路、电路、光路、药品等符合要求；仪器已清洗气室，精度符合规定，仪器完好。

3. 局部通风机吊挂位置合理，安装地点到回风口间的巷道中的最低风速符合《煤矿安全规程》规定，无循环风，并设专职司机看管。

4. 分工区无瓦斯超限、无计划停电停风等情况。

5. 甲烷、二氧化碳浓度符合《煤矿安全规程》规定，传感器位置合理，运行正常。

6. 风筒吊挂平、直、稳、紧，逢环必挂，接口严密无破口漏风，出风口距工作面距离符合规定。

所有安全隐患已排查，安全确认完毕！

第四章

"一岗三述"实施路径

第一节 "一岗三述"系统诊断

"一岗三述"系统诊断要结合岗位作业内容、岗位安全生产责任制和双重预防机制,从现状出发,进行全方位、全过程的分析诊断,厘清岗位职责,找出存在的安全风险和事故隐患,通过调研、访谈、问卷、研讨等方式,综合利用多种方法工具,分析诊断"一岗三述"实践路径存在的问题,并采取切实可行的措施加以解决。

一、鱼骨法:查找风险隐患根源

鱼骨法主要用于企业管理中建立分析诊断模型,解决企业生产中存在的安全、质量、效率等问题,而"一岗三述"能有效利用鱼骨法查找风险隐患及其根本原因。鱼骨图如图 1-4-1 所示。

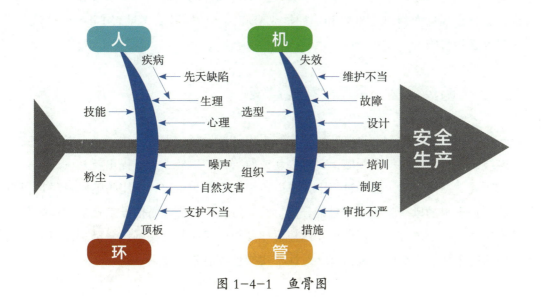

图 1-4-1 鱼骨图

运用鱼骨图进行系统诊断分析，通常按照以下几个方面展开：

1.针对问题点，选择分层别方法（如岗位作业的人、机、环、管等）。

2.分别对各层别找出所有可能原因（如人的因素：生理、心理、技能等）。

3.将找出的各要素进行归类、整理，明确其从属关系（如先天缺陷归类于疾病、疾病归类于生理、生理归类于人的因素）。

4.分析选取重要因素（如先天缺陷，对其特征会造成的风险进行分析诊断，并制定管控措施）。

5.检查各要素的描述方法。

二、风险矩阵法：科学判定风险等级

风险矩阵法（简称 L.S），是一种简单易行的评价作业条件危险等级的方法，即是辨识出每个作业单元存在的风险，并判定风险诱发事故的可能性，以及发生事故后造成的人员伤亡或经济损失程度，两者相乘，得出危害的风险值。根据风险值对照矩阵表，判定风险等级，根据风险级别，采取相应的风险控制措施。"一岗三述"应用了风险矩阵法，以岗位为单元，进行风险辨识和评估，并按风险等级制定对应管控措施。

风险值计算公式为 $R=L \times S$

式中　R——风险值；

　　　L——事故发生可能性；

　　　S——事故造成后果的严重程度。

运用风险矩阵法，必须要科学制定事故发生可能性的判定准则、事故后果严重性判定标准、安全风险等级判定准则和管控整改措施、风险矩阵表（见表 1-4-1）等工具，按照流程逐步实施。

三、头脑风暴法：集思广益找对策

头脑风暴法是一种激发集体产生智慧和提出创新设想的思维方法。指一群人（或小组）围绕一个特定的兴趣或领域，进行创新或改善，产生新点子，提出新办法。

在开展"一岗三述"活动过程中，是以班组或小组为单位，运用头脑风暴法对利用鱼骨法查找出来的风险隐患进行对策分析。在此过程中，鼓励每位员工就某一具体问题及其解决办法畅所欲言、各抒己见。构建群体参与的畅所欲言头脑风暴机制，与主观意识、闭门造车相比，能够获取更有针对性、实操性和有效的对策。

表 1-4-1 风险矩阵及风险等级划分表

风险矩阵	一般风险（Ⅲ级）		中等风险（Ⅱ级）		重大风险（Ⅰ级）		有效类别	赋值	可能造成的损失	
									人员伤害程度及范围	由于伤害估算的损失（元）
低风险（Ⅳ级）	6	12	18	24	33	36	A	6	多人死亡	500万以上
	5	10	15	20	25	30	B	5	一人死亡	100万～500万
	4	8	12	16	20	24	C	4	多人受严重伤害	10万～100万
	3	6	9	12	15	18	D	3	一人受严重伤害	4万～10万
	2	4	6	8	10	12	E	2	一人受到伤害，需要急救；或多人受轻微伤害	5000～4万
	1	2	3	4	5	6	F	1	一人受轻微伤害	0～5000
	1	2	3	4	5	6	赋值			
	L	K	J	I	H	G	有效类别			
	不可能	可能性极低	可能性低	可能性较大	可能偶尔发生	可能经常发生	发生的可能性			
	1/100年	1/40年	1/10年	1/5年	1/1年	≥10/1年				

风险等级划分

风险值	风险等级	备注
30～36	重大风险	Ⅰ级
18～25	中等风险	Ⅱ级
9～16	一般风险	Ⅲ级
1～8	低风险	Ⅳ级

四、"手指口述"法：检验措施执行的可靠性

"手指口述"法是运用心想、眼看、手指、口述等一系列行为，对工作过程中的每一道工序进行确认，使"人"的注意力和"物"的可靠性达到高度统一，从而达到避免违章、消除隐患、杜绝事故的一种管理方法。

在推行"一岗三述"工作中，运用"手指口述"法对安全风险的辨识及措施管控结果、安全隐患排查情况进行确认，动态实现作业现场的安全条件，实现安全"零事故"管理目标。

第二节 "一岗三述"系统构建

一、"一岗三述"构建原则

"一岗三述"构建必须把控好以下关键点：

1. 紧密结合企业的运营体系，提高企业整体安全水平和运营效率。

2. 紧密结合企业的所有安全管理流程和生产流程，涵盖企业安全生产的所有关键岗位。

3. 紧密结合双重预防机制、岗位安全生产责任制及安全生产标准化管理体系，实现安全管理无死角盲区。核心重点是管控岗位风险、排查问题隐患，规范员工行为。

4. 体系设计要包含且不限于从事生产经营活动的安全风险较多的操作岗位。

二、"一岗三述"构建方法

（一）科学划分专业

在构建"一岗三述"时，要根据企业的专业分类、组织机构等实际情况和企业安全管理特点，厘清专业类别，科学划分专业。煤炭企业可按照表1-4-2进行划分，并根据企业实际情况进行调整和完善。

表1-4-2 煤炭企业"一岗三述"专业划分

序号	专业
煤矿"一岗三述"专业	
1	安全管理专业
2	"一通三防"专业
3	采煤专业
4	掘进专业
5	机电专业
6	运输专业
7	地测防治水专业

（续表）

序号	专业
煤矿"一岗三述"专业	
8	冲击地压防治专业
选煤厂"一岗三述"专业	
1	选煤工艺专业
2	选煤机械专业
3	选煤电气自动化专业
港口"一岗三述"专业	
1	调度专业
2	装卸专业
3	机械维修专业
4	电气维修专业
5	港口流动机械专业
6	火车调度专业
7	协作专业

（二）合理设定岗位

岗位的设计要充分结合实际工作需求，按照专业分类、作业区域、作业特征和作业内容设定岗位，不同专业中相同或相近岗位要进行优化整合，形成固有的专业类别。用鱼骨法将专业细化分解成许多单一工作的业务模块，然后集体讨论，将相同或相近工作的业务模块优化整合为模块包，形成专业里固有业务单元，每个业务单元即可作为一个岗位。如以煤矿"一通三防"专业岗位设置为例，"一通三防"专业业务范围经鱼骨图细化分解、头脑风暴法集体讨论优化整合后，主要工作内容有矿井通风管理、瓦斯防治、瓦斯抽采、瓦斯防突、监测监控管理、矿井风量测定、矿井粉尘测定、矿井防灭火等，"一通三防"的"一岗三述"主要岗位设置为瓦斯抽采工、安全监测监控工、通风工、瓦斯检查工、防突预测工、测风测尘工、防尘工、防灭火工。其岗位设置见表 1-4-3。

表1-4-3 "一通三防"主要专业岗位明细

序号	专业名称	专业内容	岗位名称	岗位主要工作内容
1	"一通三防"专业	矿井通风；防治瓦斯、煤尘；防治矿井火灾	瓦斯抽采工	瓦斯抽采钻孔施工，抽采系统维护及参数测定
2			安全监测监控工	安全监控系统安装维护调校
3			通风工	通风设施构筑维护，通风系统调整
4			瓦斯检查工	检测甲烷等有毒有害气体
5			防突预测工	工作面防突预测预报和防突措施效果检验
6			测风测尘工	测量风量调节粉尘，保证通风点的通风系统可靠
7			防尘工	防尘和隔爆设施的安装、拆除，保证维护及时、完好可靠
8			防灭火工	井下注浆、注氮、阻化剂喷洒及管路维护等工作

三、"一岗三述"构建内容

（一）内容设计基本原则

"一岗三述"岗位内容设计一定要坚持以下几个基本原则：

1.内容要易懂。内容描述一定要由现场岗位员工参与完成，通俗易懂，不要过于复杂艰涩，不必长篇大论。

2.内容要清晰。内容描述一定要清晰，划清岗位界面，明确岗位职责任务，避免岗位职责任务交叉重叠。

3. 内容要易学。"一岗三述"是员工每班进行的规定动作,其具体内容必须简洁明了,容易学会,容易记忆,才能让员工从内心认同。

4. 内容要实用。内容描述必须是现场实用可操作的关键工作,不是完成的其他临时性辅助工作,避免形式主义。

5. 内容要顺口。内容描述不必追求高大上,要符合员工的用语和工作习惯,接地气,口语化,通俗化,朗朗上口。

(二)内容设计关键控制

1. 完整闭环。"一岗三述"是一个科学系统的整体,内容必须包括岗位职责、安全风险及管控措施和隐患排查及现场安全确认三方面的核心关键内容,不能缺项、漏项。

2. 务实可操作。要充分考虑操作人员的实际技能水平和作业习惯,要分析岗位作业环境、设备设施状况,要掌握岗位的作业流程和标准,进而科学设计"一岗三述"内容,使其容易落地,务实可操作。

3. 精准到位。"一岗三述"的动作和语言设计要准确到位、简练明快、便于记忆,并具有指导性。

4. 持续完善。随着环境变化和设备老化等因素影响,风险、措施和管理同时发生变化,"一岗三述"的内容也要同步持续完善,保证与实际岗位作业相匹配。

(三)内容设计实施步骤

"一岗三述"的内容设计,主要按照岗位职责描述、安全风险及管控措施描述和隐患排查及现场安全确认描述三个方面开展。

1. 岗位职责描述内容设计:采用鱼骨图的方法结合岗位安全生产责任制和岗位作业内容特点,逐步细化分解岗位职责内容,然后优化整合,按照重要程度编制岗位职责描述内容,并填入"一岗三述"描述内容设计表(示例见表1-4-4)。

2. 安全风险及管控措施描述内容设计:采用鱼骨图的方法对岗位作业的安全风险进行辨识,优化和合并相同或相近的安全风险,根据风险矩阵法将辨识出来的风险进行等级评估确认,并按照风险等级顺序填入"一岗三述"描述内容设计表("安全风险"栏内),组织班组或小组集体讨论,科学制定风险管控措施,并将管控措施填入"一岗三述"描述内容设计表。

3. 隐患排查及现场安全确认描述内容设计:根据辨识出来的风险及管控措施情况、当班工作内容和作业场所实际情况,进行事故隐患排查确认,根据排查出来的隐患制定整改措施,填入"一岗三述"描述内容设计表。

表1-4-4 安全检查工（掘进）"一岗三述"描述内容设计示例

岗位	安全检查工（掘进）	
岗位职责	我是掘进工作面安全检查工，主要负责工作面安全检查监督管理工作，确保本区域人员组织合理、证件配备齐全、现场行为规范、隐患排查到位、应急处置及时。	
安全风险及管控措施	安全风险： *1.人员身体状况不佳、无证上岗、误操作，易造成人身伤害和设备损坏。 2.未严格按照作业规程施工，工作面超循环作业，易造成空顶距超过规定，导致冒顶伤人。 *3.作业前未对周边环境进行检查（片帮、漏顶等），易造成人身伤害。 *4.掘进作业前未按规定进行探放水作业，易发生水害事故。 5.瓦斯超限、无计划停电、停风等应急情况处置不当，可能发生事故。	管控措施： 1.发现作业人员身体状况不佳或无证上岗，及时监督升井。 2.严格监督执行作业规程，发现顶板破碎时短掘短支。 3.严格监督执行敲帮问顶，并对顶、帮支护情况进行检查。 4.严格监督按作业规程规定进行探放水作业，做到预测预报、有疑必探、先探后掘、先治后采。 5.发现瓦斯超限等紧急情况必须责令停止当班作业，撤出人员，汇报调度。
隐患排查及现场安全确认	隐患排查及现场安全确认： 1.现场作业人员精神状态良好，持证上岗，符合作业条件。 2.工作面最大空顶距符合规定，未出现超循环作业情况。 3.工作面已按规定进行探放水作业，探水允许掘进距离符合规定要求。 4.各类传感器悬挂位置正确，运行正常，有毒有害气体浓度符合规定要求。 5.工作面无片帮、漏顶等现象，符合作业条件。 **所有安全隐患已排查，安全确认完毕！**	

第三节 "一岗三述"系统优化

企业"一岗三述"内容基本形成后，应结合岗位实际，科学有序精准优化，使岗位更加科学实用。

一、"一岗三述"架构优化

1. 按照企业安全生产现状和双重预防机制要求，精准优化"一岗三述"架构目标。

2. 按照安全生产标准化管理要求，对比发现"一岗三述"架构存在的缺陷问题。

3. 针对发现的"一岗三述"体系缺陷问题，紧密结合安全生产系统的关键控制要素，精准优化"一岗三述"架构。

二、"一岗三述"岗位内容优化

针对"一岗三述"中描述内容较多的现场岗位，研究能否科学优化合并描述内容。

1. 将具体岗位中相类似的描述内容考虑合并。

2. 将具体岗位中相关联的描述内容考虑合并。

3. 将不同的安全隐患项目但治理手段相同的"隐患排查"描述内容合并。

4. "一岗三述"内容设计必须做到务实科学、容易记忆、方便描述、易于操作、易懂易记，以一目了然的方式将本岗位的岗位职责、风险管控、隐患排查核心内容体现出来。

第五章

"一岗三述"保障措施

第一节　组织保障

一、组织机构

为确保"一岗三述"顺利有效开展，应设立组织机构，成立"一岗三述"领导小组和推行办公室。

（一）"一岗三述"领导小组

"一岗三述"领导小组主要由企业主要负责人、企业相关领导、相关部门及生产单位负责人组成。

（二）"一岗三述"推行办公室

"一岗三述"推行办公室主任可由主管部门负责人担任，副主任由各生产单位主要负责人担任，成员由各生产单位分管负责人和相关人员组成。

二、主要职责

（一）领导小组主要职责

1. 审定"一岗三述"推行核心内容；
2. 审核"一岗三述"推行规划及实施方案；
3. 审批"一岗三述"推行相应管理制度；
4. 决策"一岗三述"推行的重大事项。

（二）推行办公室主要职责

1. 负责贯彻落实领导小组的决策部署，制定"一岗三述"实施方案及相关制度，编制"一岗三述"相关文件；

2. 对相关部门、各生产单位"一岗三述"推行情况进行检查、指导、总结、评价；

3. 组织召开"一岗三述"相关会议，并定期针对相关部门、各生产单位"一岗三述"推行情况向领导小组汇报，并提出建议；

4. 负责组织"一岗三述"竞赛相关活动；

5. 负责"一岗三述"推行的日常工作。

第二节　技术保障

"一岗三述"推行工作必须与实际紧密结合，抓住核心关键业务，分阶段按步骤科学推进。企业应在部分岗位取得"一岗三述"成功经验的基础上，有序推进。在推行的初步阶段，要以相关法律法规、安全标准、技术规范和要求为指导依据，建立合规的推行流程，保证风险辨识准确、管控措施具体有效。管理人员要熟知法律法规、标准规范，具备较强的业务能力，能够为推行工作提供有力指导。

一、符合标准规范

国家安全法律法规、标准规范是安全生产工作的重要依据，企业主要负责人要组织职能部门及相关业务部门全面识别、收集生产过程中涉及的所有法律法规、标准规范，结合生产实际应用到现场，指导"一岗三述"工作的开展，保证"一岗三述"推行全过程符合标准规范。

二、配足技术力量

"一岗三述"是安全管理的创新，涵盖生产作业的各环节。新的管理方法要有效推行，必须要加强推行过程中的指导检查。因此，企业在"一岗三述"开展中，要选好、用好"一岗三述"推行技术管理人员。"一岗三述"推行技术管理人员要切实承担好指导责任，深入到班组、岗位进行检查指导，促使岗位员工能够掌握生产工艺流程、操作标准、岗位主要风险和管控措施，保证"一岗三述"推行过程中的技术力量保障。

三、做好培训教育

（一）培训范围

1. 管理人员培训。

企业管理人员的"一岗三述"思想认识水平是推行"一岗三述"的关键。管理人员培训应采取集中授课、对标学习方式进行，培训内容以"一岗三述"的理论内涵、系统设计、组织实施等为重点，旨在提升管理人员思想认知水平，提高推行"一岗三述"组织管理能力。

2. 班组长培训。

推行"一岗三述"的实施对象是生产现场岗位作业者，班组长的管理思维和技术水平直接决定推行效果。班组长培训采取集中授课、案例讨论方式进行，培训内容以"一岗三述"推行背景、理论基础、岗位内容设计、案例学习、现场实施等为重点。

3. 岗位员工培训。

推行"一岗三述"应进行全员培训，统一员工的思想和认识。岗位员工"一岗三述"培训应分区队、分车间、分班组，按照不同业务范围分别展开。由企业内部相关管理人员、专业技术人员和班组长作为培训师，对员工进行系统性的培训。

（二）培训方法

1. 集中学习与分散学习相结合。

充分利用班前会，由区队、车间领导组织员工进行学习；通过安全活动日、现场提问、现场演示等方式方法，充分调动员工的积极性和主动性，确保学习做到长流水不断线。

2. 理论学习与现场教学相结合。

将班前会理论学习与现场实际操作训练相结合，由区队跟班人员和班组长进行指导培训，指导员工掌握"一岗三述"理论内容。根据日常学习内容，结合岗位实际进行运用，采取边学边练、现场"手把手"教学的方法，由班组长随时给予指导，以实现以学带练、以练助学，并将运用过程中存在的问题及时反馈，以整改促提升。

3. "一岗三述"推行与岗位安全生产作业流程相结合。

在班组中集体讨论，将企业"一岗三述"推行工作与各岗位生产操作流程相结合，确保描述内容和岗位操作制度流程融会贯通、规范统一。

第三节 制度保障

企业推行"一岗三述",应涵盖各个系统、各个专业、各个岗位,按照一定的步骤,有序科学实施,持之以恒推进。要将"一岗三述"推行工作纳入企业发展的长期规划,必须进行精准考核,严抓奖惩激励,建立健全规章制度,坚持动态完善,形成长效管理机制。

(一)健全"一岗三述"制度

应将"一岗三述"的科学做法和先进经验形成管理制度,坚持"一岗三述"管理规范化和常态化。"一岗三述"制度主要包括:

1. 组织实施制度:"一岗三述"推行管理责任制度等。
2. 技术支持制度:"一岗三述"内容设计管理、教育培训管理制度等。
3. 责任监督制度:"一岗三述"推行监督考评管理制度等。
4. 奖惩考核制度:"一岗三述"阶段验收评比、竞赛激励制度等。

(二)完善"一岗三述"规范

企业应制定"一岗三述"的实施标准和程序,明确工作内容,量化工作目标,工作标准应符合职责需求,做好推行过程的管控。

(三)融合其他管理要求

"一岗三述"与安全生产标准化管理体系、双重预防机制等安全管理要求要有机融合,建立"一岗三述"的持续改善机制,激发企业管理提升的内生动力。

(四)构建四级管理体系

构建决策层、管理层、执行层、操作层的管理体系。

1. 决策层由企业领导构成。负责制定"一岗三述"的相关制度和规范,将工作任务进行分解,落实到相关的职能部门和生产单位。

2. 管理层由职能部门相关人员构成。根据企业工作任务,制定本部门制度保障措施,将其他工作任务落实到生产单位和具体岗位。

3. 执行层由生产单位管理人员构成。根据相关制度规范,完成管理层下达的工作任务,将各项具体安全指标落实到各班组。

4. 操作层由班组和各岗位人员构成。根据相关制度规范,负责完成具体的工作任务,实现企业既定安全目标。

第四节 考核保障

企业推行"一岗三述"，必须结合实际，建立科学的考核机制，落实关键环节的管控。

（一）"一岗三述"培训考核

培训是决定"一岗三述"推行质量和效果的关键环节，企业必须结合中高层、班组长、岗位员工的实际，有针对性地开展三个层级人员的培训，培训内容和课时应满足要求。推行办公室要对培训全程监督考核，通过考试检验培训质量，确保参加培训人员全部合格，达到培训目标。

（二）"一岗三述"履职考核

"一岗三述"履职考核是保证"一岗三述"推行质量的关键，企业对相关部门、区队、车间、班组的职责考核指标必须细化、量化，并与绩效考核挂钩。推行办公室应定期组织相关部门，按照企业"一岗三述"工作的总体部署和考核规定进行检查考核。

（三）"一岗三述"过程考核

对照"一岗三述"实施方案的目标任务和时间节点，推行办公室对各单位、相关部门的"一岗三述"工作开展效果和质量逐个检查验收，成功经验加以推广，发现问题及时协调督办。

（四）"一岗三述"效果考核

企业要积极举办"一岗三述"竞赛，以赛促学，以赛促训。通过周密部署，认真组织实施，科学制定评分规则和执行标准，层层选拔参赛选手，严肃竞赛纪律，做到公平、公正和公开，进而有效检验"一岗三述"取得的成效。

第二篇

"一岗三述"示范

第六章

煤矿岗位描述示范

第一节　岗位示范清单名录

　　煤矿结合企业特点和实际，科学划分安全管理、"一通三防"和采煤等8个专业，列出67个关键岗位进行示范内容编制，按照表格展示、图解示范的形式，生动形象地展示"一岗三述"的执行。

序号	专业	岗位名称
1	安全管理专业	安全检查工（掘进）
2		安全检查工（采煤）
3		井口检身工
4		井口车辆检查工
5	"一通三防"专业	通风班班长
6		瓦斯检查班班长
7		瓦斯抽采班班长
8		安全监测监控班班长
9		防突预测班班长
10		通风工
11		瓦斯检查工
12		瓦斯抽采工
13		安全监测监控工
14		防突预测工

序号	专业	岗位名称
15	"一通三防"专业	测风测尘工
16		防尘工
17		防灭火工
18		密闭工
19		通风设施工
20		安全监测监控员
21	采煤专业	采煤生产班班长
22		采煤检修班班长
23		采煤机司机
24		刮板（转载）机司机
25		支架工
26		集控台司机
27		单体支护工
28		三机检修工
29		泵站检修工
30		采煤机检修工
31		支架检修工
32	掘进专业	掘进生产班班长
33		掘进检修班班长
34		支护工
35		掘锚机司机
36		综掘机司机
37		连采机司机
38		锚杆机司机
39		梭车司机

（续表）

序号	专业	岗位名称
40	机电专业	机电班班长
41		井下电工
42		井下钳工
43		井下变电所配电工
44		瓦斯抽采泵司机
45		主要通风机司机
46		水泵维护工
47		地面变电站配电工
48		空压机司机
49		司炉工
50		机修车间钳工
51	运输专业	运输班班长
52		胶带机司机
53		无极绳梭车跟车工
54		主提升机司机
55		信号把钩工
56		架空乘人装置司机
57		给煤机司机
58		轨道维护工
59		无极绳绞车司机
60		调度绞车司机
61		防爆无轨胶轮车司机
62		防爆无轨胶轮车维修工
63		防爆装载机司机

（续表）

序号	专业	岗位名称
64	地测防治水专业	探放水班班长
65		探放水工
66	冲击地压防治专业	防冲班班长
67		防冲工

第二节 安全管理专业岗位描述示范

1 安全检查工（掘进）岗位示范清单

岗位	安全检查工（掘进）	
岗位职责	我是掘进工作面安全检查工，主要负责工作面安全检查监督管理工作，确保本区域人员组织合理、证件配备齐全、现场行为规范、隐患排查到位、应急处置及时。	
安全风险及管控措施	安全风险： *1. 人员身体状况不佳、无证上岗、误操作，易造成人身伤害和设备损坏。 2. 未严格按照作业规程施工，工作面超循环作业，易造成空顶距超过规定，导致冒顶伤人。 *3. 作业前未对周边环境进行检查（片帮、漏顶等），易造成人身伤害。 *4. 掘进作业前未按规定进行探放水作业，易发生水害事故。 5. 瓦斯超限、无计划停电、停风等应急情况处置不当，可能发生事故。	管控措施： 1. 发现作业人员身体状况不佳或无证上岗，及时监督升井。 2. 严格监督执行作业规程，发现顶板破碎时短掘短支。 3. 严格监督执行敲帮问顶制度，并对顶、帮支护情况进行检查。 4. 严格监督按作业规程规定进行探放水作业，做到预测预报、有疑必探、先探后掘、先治后采。 5. 发现瓦斯超限等紧急情况必须责令停止当班作业，撤出人员，汇报调度。
隐患排查及现场安全确认	隐患排查及现场安全确认： 1. 现场作业人员精神状态良好，持证上岗，符合作业条件。 2. 工作面最大空顶距符合规定，未出现超循环作业情况。 3. 工作面已按规定进行探放水作业，探水允许掘进距离符合规定要求。 4. 各类传感器悬挂位置正确，运行正常，有毒有害气体浓度符合规定要求。 5. 工作面无片帮、漏顶等现象，符合作业条件。 **所有安全隐患已排查，安全确认完毕！**	

现场示范图例	
示范图一	
示范图二	

2 安全检查工（采煤）岗位示范清单

岗位	安全检查工（采煤）	
岗位职责	我是采煤工作面安全检查工，主要负责工作面安全检查监督管理工作，确保本区域人员组织合理、证件配备齐全、现场行为规范、隐患排查到位、应急处置及时。	
安全风险及管控措施	安全风险： *1. 人员身体状况不佳，无证上岗，误操作，易造成人身伤害和设备损坏。 2. 供液高压管路连接装置松动或破损，易造成人身伤害。 *3. 上下端头、三角区支护不完好，煤壁不完整，易造成顶板、煤壁垮落伤人。 4. 机电设备检修未编制或未严格执行安全技术措施，易造成人身伤害。 *5. 自然发火预兆发现不及时，易造成煤炭自燃爆炸事故。	管控措施： 1. 发现作业人员身体状况不佳或无证上岗，及时监督升井。 2. 对供液高压管路连接装置进行全面检查，发现问题及时监督处理。 3. 严格监督执行敲帮问顶制度。 4. 必须严格监督机电设备检修安全技术措施的执行情况。 5. 监督防灭火工定期开展自然发火监测，建立自然发火监控系统，出现烟雾、煤油汽油味增大、温度升高、湿度增加等情况，及时汇报调度室。
隐患排查及现场安全确认	隐患排查及现场安全确认： 1. 作业人员精神状态良好，持证上岗，符合作业条件。 2. 支架初撑力符合要求，两巷超前支护完好，无片帮、空顶、断梁折柱。 3. 支架高压管路连接牢固，无破损。 4. 各类保护装置齐全有效，灵敏可靠。 5. 一氧化碳、温度传感器监测数据正常，采空区密闭内及其他地点无超过35℃的高温点，无自然发火预兆。 **所有安全隐患已排查，安全确认完毕！**	

现场示范图例	
示范图一	
示范图二	

3 井口检身工岗位示范清单

岗位	井口检身工	
岗位职责	我是井口检身工,主要负责井口出入井人员的信息登记、人员清点和安全检查,确保入井人员规范佩戴劳动防护用品,持证上岗,无饮酒等其他不良情况。	
安全风险及管控措施	安全风险: 1. 未经培训合格持证上岗,易造成误操作,导致人身伤害。 *2. 劳动防护用品佩戴不齐全,可能造成人身伤害和职业伤害。 *3. 携带易燃易爆等物品入井,可能引发火灾或其他事故。 4. 携带超长、超重材料入井,可能导致伤人事故。 5. 员工饮酒,精神状况不佳,可能发生人身伤害。	管控措施: 1. 查验入井人员证件,未持证上岗不得入井。 2. 检查入井人员劳动防护用品是否齐全可靠,是否佩戴规范。 3. 严禁携带易燃易爆物品入井。 4. 查验材料,超长、超重等材料一律转至运输车辆入井。 5. 运用酒精检测仪严格排查入井人员是否饮酒,排查人员精神状态,对于饮酒人员及时告知相关单位。
隐患排查及现场安全确认	隐患排查及现场安全确认: 1. 入井人员已培训合格,并持证上岗。 2. 劳动防护用品佩戴齐全、规范。 3. 未携带易燃易爆物品。 4. 未携带超长、超重材料。 5. 入井人员无饮酒现象,精神状况良好,符合入井条件。 **所有安全隐患已排查,安全确认完毕!**	

	现场示范图例
示范图一	
示范图二	

4 井口车辆检查工岗位示范清单

岗位	井口车辆检查工	
岗位职责	我是井口车辆检查工，主要负责对入井无轨胶轮车进行安全检查和登记，确保驾驶员持证上岗，无饮酒等不安全行为，入井车辆完好，无超员、超载、人货混装等情况。	
安全风险及管控措施	安全风险： *1.驾驶员无证或饮酒上岗，可能造成人身伤害或车辆损坏。 2.车辆刹车和转向失灵，可能导致发生辅助运输安全事故。 3.车辆不完好或安全防护设施携带不齐全，可能造成车辆损坏或人身伤害。 4.人车超员，料车超载、超宽、超高，人货混装，或特种车辆无措施入井运输作业，可能导致发生安全事故。	管控措施： 1.车辆入井前，严格检查驾驶员"中华人民共和国机动车驾驶证"和"司机入井安全操作资格证"，并检测其是否饮酒。 2.车辆入井前，严格检查"制动和转向上线检验合格证"和"车辆年检合格证"。 3.车辆入井前，严格检查"车辆出库完好合格证"，并对车辆防爆、前照明、尾部红色信号灯、倒车语音报警装置、阻车器、警示三角架、灭火器、车载瓦斯断电仪等进行检查。 4.车辆入井前，严格检查人车乘人数量及料车载重情况，杜绝"三超"车辆入井；运输采煤机、液压支架等大型部件的特种车辆入井时，必须有运输专项安全技术措施。
隐患排查及现场安全确认	隐患排查及现场安全确认： 1.驾驶员已持证上岗，精神状态良好。 2.入井车辆具有"制动和转向上线检验合格证"。 3.入井车辆具有"车辆年检合格证"。 4.入井车辆具有"车辆出库完好合格证"。 5.车辆完好无失爆，倒车语音报警装置、阻车器、警示三角架、灭火器等配备齐全有效。 **所有安全隐患已排查，安全确认完毕！**	

现场示范图例
示范图一 
示范图二 

第三节 "一通三防"专业岗位描述示范

1 通风班班长岗位示范清单

岗位	通风班班长	
岗位职责	我是通风班班长，主要负责通风系统巡查，及时排查消除事故隐患，确保通风系统稳定可靠、现场应急处置到位。	
安全风险及管控措施	安全风险： 　1.员工精神状态不佳，影响正常作业，入井后可能发生人身伤害。 　2.登高砌筑通风设施未使用移动脚手架或固定不牢固，可能发生人身伤害。 　*3.未检查作业地点瓦斯和顶板，可能发生事故。 　*4.通风设施巡查不到位，导致用风地点风量不足、风流短路、系统紊乱，可能发生事故。	管控措施： 　1.班前会认真排查，精神状态不佳的员工严禁入井。 　2.登高作业前移动脚手架准备到位并固定牢靠。 　3.作业前检查甲烷浓度并进行敲帮问顶，确认安全后方可作业。 　4.严格按巡检路线对通风设施进行排查。
隐患排查及现场安全确认	隐患排查及现场安全确认： 　1.员工精神状态良好，符合入井要求。 　2.移动脚手架踏板、拉杆、连接杆等部件连接牢固可靠。 　3.作业地点顶帮支护完好；有毒有害气体及风量符合《煤矿安全规程》规定。 　4.风门、风桥、风墙、风窗构筑物完好可靠，安设地点合理，通风系统稳定。 　**所有安全隐患已排查，安全确认完毕！**	

现场示范图例	
示范图一	
示范图二	

2 瓦斯检查班班长岗位示范清单

岗位	瓦斯检查班班长
岗位职责	我是瓦斯检查班班长，主要负责监督检查甲烷检测报警仪等的完好情况、汇报及处理班中隐患，确保现场隐患处置及时。
安全风险及管控措施	安全风险： 1. 未持证上岗，可能发生误操作，造成人身伤害。 *2. 甲烷检测报警仪等不完好，导致人员不能及时掌握甲烷及有毒有害气体浓度。 3. 班中未对重要地点、薄弱环节进行巡查，可能发生瓦斯超限或其他事故。 4. 未做到"三对口"巡查，导致甲烷检查不到位，可能引发瓦斯事故。 管控措施： 1. 必须持证上岗。 2. 按规定进行仪器校检。 3. 班中全面排查重要地点、薄弱环节，现场进行监督检查。 4. 严格执行瓦斯巡回检查制度。
隐患排查及现场安全确认	隐患排查及现场安全确认： 1. 已通过瓦斯检查工专业培训，并持证上岗。 2. 甲烷检测报警仪等校检合格、光谱清晰、精密度准确，仪器完好。 3. 局部通风机切换试验正常，各地点甲烷浓度符合规定，传感器吊挂位置正确。 4. 瓦斯检查手册、记录牌板和瓦斯检查班报所填写的检查内容、数值齐全一致。 **所有安全隐患已排查，安全确认完毕！**

现场示范图例

	现场示范图例
示范图一	
示范图二	

3 瓦斯抽采班班长岗位示范清单

岗位	瓦斯抽采班班长	
岗位职责	我是瓦斯抽采班班长，主要负责井下抽采系统巡查维护、现场应急处置等工作，确保系统运行正常。	
安全风险及管控措施	安全风险： 1.员工精神状态不佳，入井后可能发生人身伤害。 *2.瓦斯抽采管吊挂连接不合格、漏气、断管，导致瓦斯泄漏，可能发生事故。 3.钻机回风侧未吊挂甲烷和一氧化碳传感器，不能实时监测甲烷和一氧化碳浓度，可能发生事故。 4.抽采系统巡查不到位，抽采管内有积水，影响瓦斯抽采效果。	管控措施： 1.班前会认真排查，员工精神状态不佳严禁入井。 2.严格按照规定吊挂连接瓦斯抽采管。 3.按照规定在钻机回风侧10m范围内设置甲烷和一氧化碳传感器，并具备甲烷超限报警断电功能。 4.在巷道低洼处，安装高负压自动放水器。
隐患排查及现场安全确认	隐患排查及现场安全确认： 1.员工精神状态良好，符合入井要求。 2.瓦斯抽采管路吊挂平直、连接规范，严密不漏气，无断管现象。 3.传感器吊挂位置准确，甲烷、一氧化碳浓度符合规定。 4.高负压自动放水器灵活可靠，抽采管内无积水，抽采效果良好。 **所有安全隐患已排查，安全确认完毕!**	

现场示范图例	
示范图一	
示范图二	

4 安全监测监控班班长岗位示范清单

岗位	安全监测监控班班长	
岗位职责	我是安全监测监控班班长，主要负责安全监控系统巡查、应急处置等工作，确保安全监控系统正常运行。	
安全风险及管控措施	安全风险： 1. 未持证上岗，可能发生误操作，造成人身伤害。 2. 安全监控系统运行不正常、巡查不到位，导致监测数据无法正常上传，可能引发事故。 3. 安全监控设备安装地点支护不到位，发生漏矸，可能发生设备损坏或伤人事故。 *4. 甲烷传感器的设置地点，报警、断电、复电浓度或断电范围错误，导致甲烷传感器安装设置不准确、报警后不能及时断电，可能发生瓦斯等事故。	管控措施： 1. 必须持证上岗。 2. 安全监控系统定期进行巡查维护，发现隐患及时处理。 3. 作业前严格执行敲帮问顶制度。 4. 按照相关规定正确安装设置甲烷传感器。
隐患排查及现场安全确认	隐患排查及现场安全确认： 1. 已通过安全监测监控工培训，并持证上岗。 2. 安全监控系统运行正常，巡查维护到位，具备实时上传数据功能。 3. 安全监控设备安装地点顶帮支护完好。 4. 甲烷传感器的设置地点、报警浓度、断电浓度、复电浓度和断电范围符合设置要求。 **所有安全隐患已排查，安全确认完毕！**	

现场示范图例	
示范图一	
示范图二	

5 防突预测班班长岗位示范清单

岗位	防突预测班班长
岗位职责	我是防突预测班班长，主要负责排查煤钻屑瓦斯解吸仪的完好情况、掌握现场采掘进尺，确保采掘工作面各项防突预测指标真实有效。

安全风险及管控措施	安全风险： 1. 防突预测数据未填写或填写不真实，不能及时掌握预测参数，可能发生事故。 2. 煤钻屑瓦斯解吸仪不完好，采掘工作面的预测数据不准确，可能发生突出事故。 3. 工作面未临时支护就进行防突预测，可能发生煤矸石掉落、片帮伤人。 *4. 采掘工作面未及时进行防突预测，超出允许掘进距离，可能引发煤和瓦斯突出事故。	管控措施： 1. 防突预测后及时准确填写记录。 2. 煤钻屑瓦斯解吸仪使用前进行认真检查。 3. 预测前工作面必须进行临时支护。 4. 严格按照规定距离进行防突预测，严禁超掘。

隐患排查及现场安全确认	隐患排查及现场安全确认： 1. 钻孔深度、倾角、方位角、开孔高度符合设计要求，钻屑量、解吸指标数据真实有效不超标。 2. 煤钻屑瓦斯解吸仪水柱计两侧液面已调至刻度线，密封性能良好，分样筛、秒表完好。 3. 工作面临时支护符合规定。 4. 采掘工作面已按设计参数进行防突预测，未超掘。 **所有安全隐患已排查，安全确认完毕！**

6 通风工岗位示范清单

岗位	通风工	
岗位职责	我是通风工，主要负责井下"一通三防"设施维护、管理及通风系统调整工作，确保通风系统稳定可靠。	
安全风险及管控措施	安全风险： 1.登高作业未系安全带，可能发生人身伤害。 2.脚手架搭设不牢固，可能造成高处坠落事故。 3.作业地点通风不良，有毒有害气体超过规定数值，可能造成人员中毒、窒息事故；作业前未检查顶帮支护，可能造成顶板冒落、煤壁片帮伤人。 *4.通风设施位置选择不正确，可能造成通风系统不稳定、风流紊乱、瓦斯积聚。	管控措施： 1.作业前必须佩戴安全带。 2.按照要求搭设脚手架，确认牢固可靠，方可登高作业。 3.作业前严格执行"先通风、再检测、后作业"，进入作业地点严格执行敲帮问顶制度。 4.严格按照正规设计、措施要求选择位置。
隐患排查及现场安全确认	隐患排查及现场安全确认： 1.安全带各部件齐全完好无损坏，已正确佩戴。 2.脚手架搭设牢固可靠，搭设地点地面平整坚实牢固，已设置底座和垫板。 3.作业地点通风良好，有毒有害气体浓度符合规定。 4.作业地点顶帮支护完好，无危岩活矸。 5.通风设施 5m 范围内巷道支护完好，无片帮、漏顶、杂物、淤泥、积水。 **所有安全隐患已排查，安全确认完毕！**	

现场示范图例

示范图一	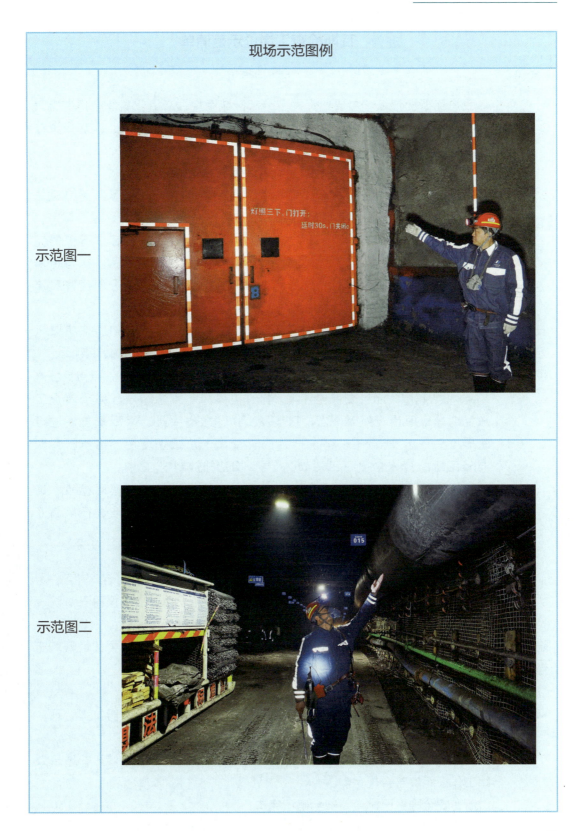
示范图二	

7 瓦斯检查工岗位示范清单

岗位	瓦斯检查工	
岗位职责	我是瓦斯检查工，主要负责井下分工区域甲烷、二氧化碳等有毒有害气体检测、汇报及隐患处理，确保"一通三防"设施检查到位、现场应急处置及时。	
安全风险及管控措施	安全风险： 1. 未持证上岗，精神状态不佳，入井后可能发生事故。 *2. 甲烷检测报警仪不完好，测值不准确；入井后未清洗气室、调零，可能发生瓦斯超限，引发瓦斯事故。 3. 未检查局部通风机是否有循环风及专人挂牌管理，导致隐患处置不及时，可能引发事故。 *4. 瓦斯超限、无计划停电停风、排放瓦斯等应急情况处置不当，可能发生事故。 5. 瓦斯检查未做到"三对口"，导致瓦斯检查不到位，隐患处置不及时；风筒超距、连接不规范、漏风，导致作业地点无风、微风，可能引发事故。	管控措施： 1. 上岗前充分休息，保持良好的精神状态，检查证件是否佩带。 2. 入井前，按规定进行仪器完好情况检查；入井后，在与待测地点温度和压力相近的新鲜风流中清洗气室、调零。 3. 按规定检查局部通风机吸风口至回风口段是否有循环风。 4. 发现瓦斯超限、无计划停电停风等紧急情况，必须停止工作、撤出人员、采取措施、进行处理、汇报调度，严格执行瓦斯分级排放制度。 5. 严格执行瓦斯巡回检查、请示报告制度；按标准进行风筒连接吊挂。
隐患排查及现场安全确认	隐患排查及现场安全确认： 1. 已经过瓦斯检查工专业培训，持证上岗；精神状态良好，符合入井条件。 2. 甲烷检测报警仪气路、电路、光路、药品等符合要求；仪器已清洗气室，精度符合规定，仪器完好。 3. 局部通风机吊挂位置合理，安装地点到回风口间的巷道中的最低风速符合《煤矿安全规程》规定，无循环风，并设专职司机看管。 4. 分工区无瓦斯超限、无计划停电停风等情况。 5. 甲烷、二氧化碳浓度符合《煤矿安全规程》规定，传感器位置合理，运行正常。 6. 风筒吊挂平、直、稳、紧，逢环必挂，接口严密无破口漏风，出风口距工作面距离符合规定。 **所有安全隐患已排查，安全确认完毕！**	

现场示范图例	
示范图一	
示范图二	

8 瓦斯抽采工岗位示范清单

岗位	瓦斯抽采工	
岗位职责	我是瓦斯抽采工，主要负责井下瓦斯抽采钻孔施工、封孔、联网，抽采系统巡查、维护及抽采参数测定、记录工作，确保抽采参数测定准确、系统运行正常。	
安全风险及管控措施	安全风险： *1. 钻机不按顺序开机，人员距离钻机较近，注意力不集中，移钻机或压柱泄压，可能挤伤、砸伤人员。 2. 高压管路未正确连接，可能发生事故。 3. 作业前未检查顶帮支护，可能发生事故。 4. 孔内喷孔，可能造成瓦斯超限。	管控措施： 1. 注意人员站位，统一协调指挥，施工前检查压柱，如有泄压及时处理。 2. 高压管路必须使用专用管卡连接，严禁用铁丝代替。 3. 作业前严格进行敲帮问顶。 4. 安装孔口抽采装置，在钻机下风侧10m范围内设置甲烷和一氧化碳传感器，并具备甲烷超限报警断电功能。
隐患排查及现场安全确认	隐患排查及现场安全确认： 1. 人员站位合理，压柱无泄压，防倒绳已固定。 2. 所有管路已规范连接。 3. 传感器设置位置正确，甲烷、一氧化碳浓度符合规定，孔口抽采装置已正确使用。 4. 作业地点顶、帮无危岩活矸，支护完好。 **所有安全隐患已排查，安全确认完毕！**	

现场示范图例	
示范图一	
示范图二	

9 安全监测监控工岗位示范清单

岗位	安全监测监控工	
岗位职责	我是安全监测监控工，主要负责安全监控系统安装、运行、维护、管理，定期进行调校、试验及异常情况应急处置工作，确保安全监控系统正常运行。	
安全风险及管控措施	安全风险： 1.未持证上岗，可能造成人身伤害。 2.登高作业安全防护措施不到位，可能造成人身伤害。 3.监测地点设备不足或设置名称错误，可能造成监测数据不准确、不可靠。 4.作业前未对周围环境进行检查，可能造成人身伤害。 *5.未定期进行安全监控设备调校、试验或操作失误，可能造成监测数据不准确，闭锁装置不能正常使用。 6.安全监控设备故障处置不及时，易造成系统通信中断，无法实时监测数据。	管控措施： 1.岗前必须先检查持证情况。 2.登高作业前检查安全带、梯子是否完好。 3.安全监控设备安装、维护符合《煤矿安全规程》及相关标准规定。 4.进入作业地点首先检查顶、帮支护情况。 5.安全监控设备按照《煤矿安全规程》及相关标准定期进行调校、试验。 6.安全监控设备定期进行巡查、维护，故障处理期间，必须采取人工检测，并有记录。
隐患排查及现场安全确认	隐患排查及现场安全确认： 1.已经过安全监测监控工专业培训，持证上岗。 2.安全带各部件齐全完好，梯子牢固可靠，地面平整，登高作业安全防护到位。 3.安全监控设备已按规定进行调校、试验、操作规范，符合相关规定。 4.作业地点顶、帮无危岩活矸，支护完好。 5.安全监控设备已按规定进行巡查、维护。 6.安全监控设备按要求安装，已根据安装地点设置名称，并上传监控系统。 **所有安全隐患已排查，安全确认完毕！**	

现场示范图例	
示范图一	
示范图二	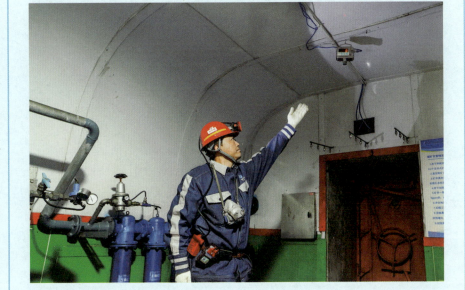

10 防突预测工岗位示范清单

岗位	防突预测工	
岗位职责	我是防突预测工，主要负责采掘工作面防突预测预报和防突措施效果检验工作，确保参数测定数据准确可靠。	
安全风险及管控措施	安全风险： 1. 钻具运转时人员配合不好、注意力不集中、扭矩增大，可能造成人身伤害。 2. 风管和钻杆连接不牢固，可能造成脱接、掉落伤人。 3. 作业前未检查顶帮支护，可能发生煤矸石掉落伤人。 *4. 预测钻孔未按设计参数施工、预测指标不准确或未按规定距离进行防突预测，超出允许掘进距离，可能引发煤和瓦斯突出事故。	管控措施： 1. 人员站位必须合理，配合得当。 2. 开启风管控制阀前或连接钻杆时，检查连接部位是否牢固。 3. 严格执行敲帮问顶制度。 4. 严格按设计参数及规定距离进行防突预测，严禁超掘。
隐患排查及现场安全确认	隐患排查及现场安全确认： 1. 人员协调一致、配合得当。 2. 风管和钻杆已用专用卡连接牢固，阀门开启灵活。 3. 工作面顶、帮无危岩活矸，支护完好，临时支护到位，符合作业要求。 4. 预测钻孔深度、倾角、方位角、开孔高度符合设计参数要求，预测指标未超标，符合掘进距离。 **所有安全隐患已排查，安全确认完毕！**	

现场示范图例	
示范图一	
示范图二	

11 测风测尘工岗位示范清单

岗位	测风测尘工	
岗位职责	我是测风测尘工，主要负责矿井风量测定、调节及粉尘监测工作，确保用风地点按需配风、通风系统稳定可靠、粉尘浓度测定准确。	
安全风险及管控措施	安全风险： 1. 精神状态不佳，入井后可能发生事故。 2. 测风仪或测尘仪不完好，导致测量数据失真，可能造成风量分配不合理或煤尘浓度超标，引发职业伤害。 3. 测风站或测尘采样点位置选择不正确，导致风量或粉尘浓度测量不准确，可能发生事故。 *4. 未根据现场动态及时调节风量，导致作业地点配风不合理、风量不足，可能引发瓦斯超限、缺氧窒息或其他事故。	管控措施： 1. 上岗前充分休息，保持良好的精神状态。 2. 使用前认真检查调试测风仪、测尘仪。 3. 正确选择测风站或测尘采样点位置，保证测量数据准确。 4. 根据现场动态合理调节风量，确保用风地点实际供风量不小于所需风量。
隐患排查及现场安全确认	隐患排查及现场安全确认： 1. 精神状态良好，符合入井要求。 2. 测风仪、测尘仪已按规定检查校正，操作规范，风量测量数据准确，通风系统稳定可靠，粉尘浓度符合《煤矿安全规程》规定。 3. 根据实际需要随时测风，风量符合用风地点需求，风速符合《煤矿安全规程》规定。 4. 工作面测尘采样地点合理，粉尘浓度准确。 **所有安全隐患已排查，安全确认完毕！**	

现场示范图例	
示范图一	
示范图二	

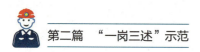

12 防尘工岗位示范清单

岗位	防尘工	
岗位职责	我是防尘工，主要负责井下防尘设施的安装、拆除、维护及巷道冲洗工作，确保防尘和隔爆设施维护及时、完好可靠。	
安全风险及管控措施	安全风险： 　1. 洒水防尘未佩戴防尘口罩，可能造成职业伤害。 　*2. 未定期对隔爆设施进行检查，隔爆设施不完好，可能引发事故。 　3. 井下巷道未及时洒水降尘，造成煤尘堆积、超限，可能引发事故。 　4. 防尘水管未使用专用U型卡连接，可能导致高压水管脱落伤人。	管控措施： 　1. 作业前必须佩戴防尘口罩。 　2. 定期对井下隔爆设施进行检查、维护、处理，做到有据可查。 　3. 定期冲洗巷道，消除煤尘堆积。 　4. 必须使用专用U型卡连接。
隐患排查及现场安全确认	隐患排查及现场安全确认： 1. 已正确佩戴完好的防尘口罩。 2. 防尘设施安全可靠，巷道已洒水降尘，无煤尘堆积。 　3. 隔爆设施已按规定进行检查，安装地点、数量、质量符合《煤矿安全规程》规定。 　4. 防尘水管已用专用U型卡连接到位。 **所有安全隐患已排查，安全确认完毕！**	

现场示范图例	
示范图一	
示范图二	

13 防灭火工岗位示范清单

岗位	防灭火工
岗位职责	我是防灭火工，主要负责井下注浆、注氮、阻化剂喷洒及管路维护等工作，确保设备正常运转、维护到位、安全生产。

| 安全风险及管控措施 | 安全风险：
1.注浆时精神状态不佳、操作失误，浆液水、土、沙未按照规定进行配比，可能造成立眼堵塞，影响注浆效果。
2.井下注氮管路不完好，出现漏气现象，造成注氮地点氧气浓度下降，可能引发人员缺氧窒息事故。
*3.注浆孔周围有杂物，可能造成注浆孔堵塞、漏浆、溃浆或无法注浆。
4.井下注浆管路不完好，出现漏浆、溃浆，可能造成作业地点积水、淹没。 | 管控措施：
1.精神状态不佳影响正常作业时，严禁注浆；注浆必须按规定对注浆浓度配比进行检查。
2.对注氮管路进行巡查，发现漏气现象，立即进行处理。
3.及时清理注浆孔周围杂物，并定期对泵房设备及管路进行巡查维护，确保注浆效果。
4.对注浆管路进行巡查，发现异常，立即汇报，停止注浆。 |

| 隐患排查及现场安全确认 | 隐患排查及现场安全确认：
1.精神状态良好，符合作业要求。
2.注氮管路无漏气，畅通完好。
3.注浆孔周围无杂物，泵房设备及管路巡查维护到位，运行正常。
4.注浆管路畅通，胶垫无损坏、漏浆、溃浆。
所有安全隐患已排查，安全确认完毕！ |

现场示范图例

示范图一	
示范图二	

14 密闭工岗位示范清单

岗位	密闭工
岗位职责	我是密闭工，主要负责密闭构筑、维护工作，确保巷道封闭及时、严密不漏风。
安全风险及管控措施	安全风险： 　1. 密闭位置选择不正确，可能造成通风系统不稳定、瓦斯积聚。 　2. 作业区域内支护不完好，可能造成顶帮矸石掉落伤人事故。 　*3. 作业地点通风不良，有毒有害气体超过规定，可能造成人员中毒、窒息事故。 　*4. 密闭构筑完毕，未组织现场验收，可能造成采空区漏风，引发采空区内遗留的浮煤自燃。　　　管控措施： 　1. 按照设计、措施要求选择密闭位置。 　2. 进入作业地点严格执行敲帮问顶制度。 　3. 进入作业地点前首先应检查通风情况。 　4. 密闭构筑完毕按相关规定进行现场验收。
隐患排查及现场安全确认	隐患排查及现场安全确认： 1. 密闭位置正确。 2. 作业地点顶帮支护完好。 3. 作业地点有毒有害气体浓度符合《煤矿安全规程》规定，通风良好。 4. 密闭严密不漏风。 **所有安全隐患已排查，安全确认完毕！**

现场示范图例

示范图一	
示范图二	

15 通风设施工岗位示范清单

岗位	通风设施工	
岗位职责	我是通风设施工，主要负责井下通风、防尘等设施、设备的使用情况和工作状况检查、维护与管理工作，确保设施可靠、风流稳定。	
安全风险及管控措施	安全风险： 1. 设施损坏或调风设施未提前构筑，可能造成风流短路或人员窒息。 2. 未及时安装、检修除尘设施，巷道煤尘堆积，可能造成煤尘爆炸。 3. 设施检修不到位，可能造成风流紊乱。 4. 作业前未对周围环境进行检查，可能造成人身伤害。	管控措施： 1. 按设计方案提前构筑调风设施，并加强日常检查维护。 2. 按规定及时安装防尘网、防尘喷雾等降尘、除尘设施设备，定期开展检查维护。 3. 按照规定做好日常检查维护。 4. 进入作业地点前必须进行敲帮问顶，并检查有毒有害气体浓度。
隐患排查及现场安全确认	隐患排查及现场安全确认： 1. 材料、工具齐全，利刃工具已装入护套，材料捆扎牢固，安全防护设施齐全。 2. 物料码放整齐，不影响运输、通风、行人。 3. 作业地点通风良好，有毒有害气体浓度符合要求，顶帮支护完好。 4. 各类通风设施完好有效。 **所有安全隐患已排查，安全确认完毕！**	

现场示范图例	
示范图一	
示范图二	

16 安全监测监控员岗位示范清单

岗位	安全监测监控员	
岗位职责	我是安全监测监控员,主要负责连续监测安全监控系统运行情况、监控数据异常信息,及时汇报、处理、记录,确保系统准确、灵敏、可靠,增强矿井安全保障能力。	
安全风险及管控措施	安全风险: 1. 安全监控系统地面中心站未做到 24h 值班或脱岗,不能及时掌握系统运行状态,可能发生事故。 *2. 系统主、备机不能自动切换,主机故障时备机无法启动,监控数据不能实时上传,可能损坏设备发生事故。 3. 安全监控系统运行不正常,未能及时通知安全监测监控工进行处理,可能发生瓦斯事故。 4. 安全监控系统操作失误或不熟悉,导致系统报警信息处置、汇报不及时,可能发生事故。	管控措施: 1. 严格按规定值班,不得脱岗。 2. 定期试验双机热备功能,确保主机故障时备机 60s 内自动投入工作。 3. 发现监控系统运行不正常,及时通知安全监测监控工进行处理。 4. 严格按步骤进行操作,保证报警信息处置、汇报及时。
隐患排查及现场安全确认	隐患排查及现场安全确认: 1. 监控系统地面中心站已按规定 24h 值班无脱岗。 2. 主、备机自动切换正常,监控数据实时上传。 3. 安全监控系统运行稳定、可靠。 4. 熟练掌握安全监控系统操作,无报警信息。 **所有安全隐患已排查,安全确认完毕!**	

现场示范图例		
示范图一		
示范图二		

第四节　采煤专业岗位描述示范

1　采煤生产班班长岗位示范清单

岗位	采煤生产班班长	
岗位职责	我是采煤生产班班长，对安全生产、工程质量全面负责，是本班安全生产第一责任人；主要负责工作面原煤回采、两顺槽超前区域顶板支护等管理工作，及时排查事故隐患，处理各种突发灾变，确保当班作业安全。	
安全风险及管控措施	安全风险： 1. 班前会未认真排查当班作业人员精神状态，易发生人身伤害。 2. 工作面采、装、运、支、处等工艺环节设备不完好，安全设施、工器具不齐全等，易造成设备损坏或人身伤害。 *3. 作业前未排查工作面瓦斯、顶板等灾害情况，易发生瓦斯、顶板或其他事故。 *4. 班中未对工作面安全薄弱地点、关键时段、关键作业执行现场盯防统一指挥，易造成安全事故；未执行班中巡查管理，易造成工作面发生灾变后不能及时处理，导致事故。	管控措施： 1. 上岗前认真排查当班作业人员精神状态。 2. 作业前安排各岗位工对相关设备逐项检查，对存在问题设备逐一维修，确保设备完好；全面排查，确保安全设施、工器具完好。 3. 进入作业地点首先掌握工作面瓦斯、煤尘情况，对顶板进行全面检查，安排专人进行敲帮问顶，确保安全生产。 4. 对两顺槽超前段、上隅角等重点区域，对工作面漏冒顶、支架歪斜倾倒等关键作业严格盯防，统一指挥，加强管理；严格执行班中巡查管理制度，发现突发情况及时处理、撤人、汇报。
隐患排查及现场安全确认	隐患排查及现场安全确认： 1. 作业人员精神状态良好。 2. 工作面采、装、运、支、处等工艺环节设备完好，运行正常。 3. 作业地点通风正常，甲烷浓度符合规定，工作面顶帮安全。 4. 工作面安全设施完好，工器具齐全。 **所有安全隐患已排查，安全确认完毕！**	

现场示范图例	
示范图一	
示范图二	

2 采煤检修班班长岗位示范清单

岗位	采煤检修班班长	
岗位职责	我是采煤检修班班长，主要负责采煤工作面各类机电设备与安全设施检修、维护、保养等工作，是本班安全检修第一责任人；负责工作面采煤机、支架、泵站、三机、电气等各类设备设施的管理工作，同时排查检修作业隐患，确保检修作业安全。	
安全风险及管控措施	安全风险： 1. 班前会未认真排查当班作业人员精神状态，可能发生人身伤害。 *2. 检修时安全设施不齐全，检修作业未按照标准检修流程执行，可能引发机电设备事故或人身伤害。 *3. 检修前未对作业周边环境（顶帮、瓦斯、人员等）进行安全确认，可能造成人身伤害。 *4. 无计划检修或未按照检修计划合理调配人员，可能发生影响生产事故或造成人身伤害。	管控措施： 1. 上岗前认真排查当班作业人员，严禁精神状态不佳人员入井作业。 2. 检修人员必须严格按照检修作业标准流程或专项安全技术措施执行，特别是检修前必须对设备进行停电闭锁并挂牌上锁管理，严格执行"谁停电谁送电"规定；检修液压设备前必须进行停泵卸压确认管理，严格执行"谁停泵谁送泵"规定。 3. 进入检修作业地点必须进行敲帮问顶，确认顶帮支护完好、甲烷浓度符合要求，确认周围无其他人员平行作业。 4. 根据上一班各岗位操作工对设备运行反馈情况，提前制定检修计划，大型检修要制定专项安全技术措施，并提前准备检修所用各种工器具及材料；同时根据检修计划，合理调配人员。
隐患排查及现场安全确认	隐患排查及现场安全确认： 1. 作业人员精神状态良好，岗位人员安排合理。 2. 作业地点顶帮支护完好，甲烷浓度符合要求，周围无平行作业人员，符合检修条件。 3. 检修工器具齐全，劳动防护用品佩戴规范，检修材料准备到位，大型检修专项安全技术措施现场已落实到位。 4. 检修设备已进行停电闭锁并上锁挂牌管理，液压设备已停泵卸压。 **所有安全隐患已排除，安全确认完毕！**	

现场示范图例	
示范图一	
示范图二	

3 采煤机司机岗位示范清单

岗位	采煤机司机	
岗位职责	我是采煤机司机，主要负责工作面落煤、装煤作业，与支架工密切配合，杜绝空顶作业，确保工作面顶底板平整、采高符合作业规程要求。	
安全风险及管控措施	安全风险： 　1.作业期间出现身体不适、情绪不稳、精神不佳等，未佩戴劳动防护用品，易造成安全事故。 　*2.采煤机开机前未发出开机预警，易造成人身伤害；未检查开关、手把、按钮、遥控器等关键控制部件，易造成紧急情况下无法停机；未检查采煤机各油位、冷却系统、滚筒截齿，易造成高温损坏设备。 　*3.未检查附近瓦斯就进行作业，易造成瓦斯事故；未检查工作面煤壁、采高、顶底板现场情况，易造成工作面片帮漏顶。 　4.采煤机割煤时未收护帮板，可能造成截割护帮板，产生火花，引起设备损坏或火灾事故。 　*5.采煤机停机未停电闭锁，易造成误启动伤人。	管控措施： 　1.上班前休息好，调整好精神状态，确保精力充沛，作业前必须佩戴好头盔、护目镜、手套等劳动防护用品。 　2.启动采煤机时提前发出开机预警；必须按采煤机操作规范逐项检查，确认开关、手把等关键部件完好后，再检查采煤机油位、截齿、冷却系统等，确认完好后方可开机。 　3.必须检查采煤机规定范围内甲烷浓度，符合《煤矿安全规程》规定方可开机；认真检查顶板、煤壁、采高等现场情况，确保工作面"三直一平"、采高符合作业规程规定。 　4.按作业规程规定逐一收回护帮板，以防滚筒截割护帮板。 　5.采煤机停机后立即打开隔离开关。
隐患排查及现场安全确认	隐患排查及现场安全确认： 1.采煤机附近区域甲烷浓度符合《煤矿安全规程》规定。 2.工作面及采煤机附近顶底板、煤壁完好，采高符合规定。 3.采煤机各控制开关灵敏可靠。 4.各油位、内外喷雾、截齿符合要求。 5.在采煤机截割方向，已按规定要求收回护帮板。 6.采煤机停机后已停电闭锁。 **所有安全隐患已排查，安全确认完毕！**	

现场示范图例	
示范图一	
示范图二	

4 刮板（转载）机司机岗位示范清单

岗位	刮板（转载）机司机
岗位职责	我是刮板（转载）机司机，主要负责采煤工作面运煤作业，确保刮板机、转载机安全设施齐全有效，信号闭锁装置灵敏可靠、运转正常。
安全风险及管控措施	安全风险： 1. 开机期间人员站在刮板（转载）机机头正前方，可能造成煤流异物射出伤人。 2. 未对设备点检，易出现螺栓松动、管路连接不牢或转动部位防护缺失，可能造成人身伤害或设备损坏。 *3. 未对作业区域内顶帮及单体柱支护等进行检查，易造成人身伤害。 *4. 未发出启动信号，或发出信号未收到回复确认违规开机，易造成伤人事故。 *5. 开机运行期间发现异物堵塞、刮卡刮板（转载）机，未停机处理，易造成人身伤害或断链事故。 *6. 作业期间站位不当，安全防护设施不到位，易造成人身伤害。　　管控措施： 1. 开机前检查刮板（转载）机机头正前方有无作业人员，并设置警戒。 2. 开机前要严格执行设备点检制度，逐一排查设备存在的问题隐患。 3. 认真检查作业空间范围内顶帮和单体支护等情况，确保安全。 4. 启动前必须先发出启动信号，收到确认回复后，方可开机。 5. 开机运行期间发现大块煤矸、锚杆或其他异物堵塞、刮卡刮板（转载）机时，必须及时停机处理，严禁边运行边处理。 6. 上岗时必须站位安全合理，防止被支架护帮板、推拉杆、立柱挤伤；转载机行人过桥必须安设规范，防止落入正在运行的转载机中；破碎机必须安设防护装置，防止破碎煤矸块飞出伤人。
隐患排查及现场安全确认	隐患排查及现场安全确认： 1. 工作区域顶帮支护完好，单体支柱防倒措施有效。 2. 设备转动、连接部位安全防护齐全，冷却水正常。 3. 启停指令信号清晰、回复准确，可以执行设备启停操作。 4. 自身站位安全合理，可以开机运行。 5. 处理大块煤矸、锚杆等堵塞物时，已停机。 **所有安全隐患已排查，安全确认完毕！**

现场示范图例	
示范图一	
示范图二	

5 支架工岗位示范清单

岗位	支架工	
岗位职责	我是支架工，主要负责工作面顶板支护作业，确保顶板支护及时、支架初撑力达标，支架直、刮板机直，顶板安全可控。	
安全风险及管控措施	安全风险： *1. 操作支架前未检查上下相邻支架是否有人平行操作或逗留，易造成人员挤伤；未检查各管路连接完好情况，易造成崩管、脱管伤人。 2. 拉移支架时，未检查前方电缆、水管敷设情况或煤矸滑落情况，易造成电缆、水管挤坏。 *3. 操作支架时，未检查架前顶帮状况，易造成顶板事故。 *4. 采煤机割煤后未打出护帮板和伸缩梁，未及时跟机移架，易造成冒顶或片帮；未按顺序推拉溜或推拉溜距离不足，易造成前后溜负荷大，引发断链事故。 *5. 支架初撑力不足造成顶板支护强度不足，易发生顶板事故。	管控措施： 1. 操作支架前，必须检查附近是否有人作业、各管路连接接头是否牢固，严格执行操作规范。 2. 拉架期间应时刻注意支架底座与电缆槽、电缆托架等距离，以免挤坏电缆或管路。 3. 工作面顶板破碎时应带压擦顶移架，及时拉出超前架，防止顶板事故。 4. 及时打出护帮板和伸缩梁，跟机移架，确保支架接顶严实，初撑力达标；严格执行顺序推溜。 5. 支架初撑力必须达标，并在班中进行巡查补液。
隐患排查及现场安全确认	隐患排查及现场安全确认： 1. 各管路连接可靠，无破损。 2. 支架规定范围内无其他作业人员。 3. 及时跟机移架，护帮板及伸缩梁已打出，支架接顶严实，初撑力达标。 4. 已按顺序推溜，刮板机弯曲度符合要求。 **所有安全隐患已排查，安全确认完毕！**	

现场示范图例	
示范图一	
示范图二	

6 集控台司机岗位示范清单

岗位	集控台司机	
岗位职责	我是集控台司机，主要负责列车段设备的安全操作和设备点检，并记录每台设备运行状况，确保设备卫生整洁、管线整齐、仪表屏幕清晰、各系统运行正常。	
安全风险及管控措施	安全风险： *1.上岗时注意力不集中，工作面人员发出的设备操作指令未听清楚误操作，易造成人身伤害或设备损坏。 *2.电气设备作业过程中擅自甩保护或错误调整设置参数，引起保护装置动作不灵敏、不可靠，易造成设备损坏或人身伤害。 3.未对设备周围进行瓦斯检查，瓦斯超限易造成事故。 *4.未对设备运行状况进行检查，带病运行、未发出开机预警信号或发出预警信号后未收到确认回复，违规启停设备，易造成人身伤害或设备损坏。 5.作业过程中，无关人员擅自进入集控室误操作，易造成人身伤害或设备损坏。	管控措施： 1.上岗期间必须做到精力集中，接到工作面人员发出的指令，必须清晰准确，并经安全确认后，方可按照指令准确操作。 2.开机前按设备点检项目，检查各保护装置，确保齐全有效、灵敏可靠，严禁甩保护运行设备。 3.电气设备启动运行或开盖检修前必须对设备周围甲烷浓度进行检查，严禁瓦斯超限作业。 4.开机前必须查看设备运行记录，确保设备完好；设备启停前，必须向工作面作业人员发出信号，确认现场安全后方可进行操作。 5.作业过程中严禁无关人员进入集控室。
隐患排查及现场安全确认	隐患排查及现场安全确认： 1.设备上方顶板完好，无淋水、杂物堆积现象，电缆悬挂整齐无破损，各设备运行参数正常，运行记录填写规范。 2.电气开关附近20m范围内甲烷浓度符合规定，各保护接地连接可靠，漏电保护动作灵敏，过流保护整定正确。 3.泵站液箱液位和曲轴箱油位正常，电子设备线路无松动现象，安全防护罩无破损、固定螺栓紧固，管路无破损、连接可靠，符合开泵条件。 4.启停指令信号清晰、回复准确，可以执行设备启停操作。 **所有安全隐患已排查，安全确认完毕！**	

现场示范图例	
示范图一	
示范图二	

7 单体支护工岗位示范清单

岗位	单体支护工	
岗位职责	我是单体支护工，主要负责采煤工作面切顶、端头、端尾、超前等区域顶帮支护作业，做好作业前隐患排查工作，确保使用单体完好无损、防倒有效、顶板支护及时。	
安全风险及管控措施	安全风险： 1. 精神状态不佳，作业时分工配合不到位，可能引发倒柱伤人事故。 *2. 支护作业时使用损坏单体、不合格支护材料或未系防倒绳，可能造成支护失效或倒柱伤人；未检查液管、卡子完好情况，易发生高压液体伤人事故。 *3. 作业前未检查作业地点瓦斯、煤尘状况，可能引发瓦斯、煤尘事故；未执行敲帮问顶制度或煤矸处理不到位出现片帮、掉渣，可能砸伤人员。 *4. 进入工作面煤壁侧进行临时支护时，未停电闭锁刮板机，未打开护帮板，未闭锁支架，可能造成片帮或机械伤人；支柱初撑力不足，可能造成顶板冒顶及人身伤害。 *5. 单体支柱支护时，迎山角过大或过小，可能造成支柱失稳滑柱砸伤人员。	管控措施： 1. 班前加强休息，保证精力充沛，作业前分工合理，作业时配合得当。 2. 支护必须使用完好单体柱和合格材料，同时系好防倒绳；作业前排查液管、卡子完好状态。 3. 作业前必须认真检查作业地点瓦斯、煤尘情况，确保作业环境安全；作业时严格执行敲帮问顶制度，不安全不作业。 4. 进入工作面煤壁侧进行临时支护作业时，必须将支架护帮板打到位，闭锁刮板机和支架，远离采煤机；严格按规程要求打设单体支柱，确保初撑力达标。 5. 严格按照巷道迎山角要求打设单体支柱，确保迎山有力。
隐患排查及现场安全确认	隐患排查及现场安全确认： 1. 作业地点甲烷浓度符合规定。 2. 作业区域无片帮、掉渣危险。 3. 使用单体支柱及支护材料合格，防倒绳已系好。 4. 单体支柱初撑力符合规定。 5. 单体支柱支护迎山有力，符合规定。 **所有安全隐患已排查，安全确认完毕！**	

现场示范图例	
示范图一	
示范图二	

8 三机检修工岗位示范清单

岗位	三机检修工	
岗位职责	我是三机检修工,主要负责维修保养工作面前后刮板机、转载机、破碎机及相关设备,及时更换损坏的关联配件,紧固刮板链条,确保设备安全稳定运行。	
安全风险及管控措施	安全风险: 1.设备检修不到位,易造成设备带病运行。 2.未对刮板机紧固连接及防护装置进行检查,易造成设备损坏。 *3.设备检修、维护、保养期间,未检查顶帮支护,未停电闭锁,易造成人身伤害。 *4.更换溜槽、链轮、减速机、电机等大件时,未落实专项安全技术措施,易引发事故。 *5.紧链或切链时未使用液压马达(专用张紧油缸)和阻链器,易造成人身伤害。	管控措施: 1.严格按照设备完好标准进行检修,确保运行可靠。 2.仔细检查各紧固连接及防护装置,确保连接牢固、防护完好。 3.设备检修、维护、保养期间,必须检查顶帮支护,严格执行停电闭锁。 4.更换大件必须制定专项安全技术措施,并在现场严格落实。 5.紧链或切链时必须使用液压马达(专用张紧油缸)和阻链器。
隐患排查及现场安全确认	隐患排查及现场安全确认: 1.所检修设备已停电确认,并闭锁上锁。 2.所检修设备附近无人作业,周边顶帮完好,工作区域内支架已闭锁或截止阀已关闭,附近采煤机已停机闭锁。 3.更换大件时已严格落实专项安全技术措施。 4.三机各控制按钮灵敏可靠,刮板紧固完好,链条松紧适宜,冷却水、油位符合要求,安全防护装置齐全有效。 **所有安全隐患已排查,安全确认完毕!**	

现场示范图例	
示范图一	
示范图二	

9 泵站检修工岗位示范清单

岗位	泵站检修工	
岗位职责	我是泵站检修工，主要负责维修保养喷雾泵、乳化泵、全自动配液站及相关设备，确保泵站密封良好、乳化液清洁无析皂现象、安全保护装置齐全、动作灵敏可靠、各系统完好，为工作面液压设备提供优质动力。	
安全风险及管控措施	安全风险： 1. 未经专业培训合格进行检修作业，易造成人身伤害。 *2. 检修时，高压管路连接销不完好或未安装到位，更换液压元件、管路时，未停电闭锁或释放压力，易造成崩管或高压液体射出伤人。 3. 检修前未对作业地点顶帮进行安全检查，顶板落矸、煤壁片帮，易造成人身伤害。 4. 未按泵站检修标准做好检查试验、维护保养，易造成设备故障；更换泵体、电机、蓄能器等大件时，未落实专项安全技术措施，易造成人身伤害。	管控措施： 1. 必须经专业培训合格方可进行检修作业。 2. 检修期间，高压管路连接必须使用完好合格的专用销卡；严格执行停电闭锁、卸压检修制度。 3. 必须对作业地点执行敲帮问顶制度，不安全不作业。 4. 严格对照泵站日检、周检、月检项目加强维护保养；更换大件必须严格落实专项安全技术措施。
隐患排查及现场安全确认	隐患排查及现场安全确认： 1. 组合开关已停电闭锁，泵站液箱出水口手把已关闭，高压管路余压已释放。 2. 检修地点支护完好，无落矸片帮现象。 3. 高压管路各连接销完好。 4. 更换大件已严格落实专项安全技术措施。 **所有安全隐患已排查，安全确认完毕！**	

现场示范图例	
示范图一	
示范图二	

10 采煤机检修工岗位示范清单

岗位	采煤机检修工	
岗位职责	我是采煤机检修工，主要负责维修保养采煤机及相关设备，及时更换损坏的机械配件，确保采煤机机体连接牢固、操作手把和控制按钮灵敏可靠，为采煤机安全稳定运行提供保障。	
安全风险及管控措施	安全风险： 1. 作业期间出现身体不适、精神不佳等，易引发安全事故。 2. 未对采煤机各部位进行检查，易造成检修项目缺失，引发事故。 *3. 采煤机检修或更换截齿和滚筒时，未停电上锁，未闭锁刮板机和附近支架，未对采煤机区域顶帮、人员进行检查，易造成人身伤害。 *4. 更换滚筒、摇臂、电机等大件时，未落实专项安全技术措施，易造成设备损坏或人身伤害。 *5. 进入顶护板下作业，未采取二次支护措施，易造成人身伤害。	管控措施： 1. 班前要休息好，调整好精神状态，确保精力充沛。 2. 对照采煤机点检项目仔细复查，确保检修全面，无漏项。 3. 采煤机停机检修时，必须切断采煤机前级供电开关电源并断开其隔离开关，断开采煤机隔离开关，打开截割部离合器，并对工作面刮板输送机实行闭锁上锁，禁止操作附近液压支架，检查采煤机区域内是否有人员作业，采煤机上下3m范围内必须护帮护顶。 4. 更换大件必须落实专项安全技术措施。 5. 进入顶护板下作业，必须采取二次支护措施。
隐患排查及现场安全确认	隐患排查及现场安全确认： 1. 采煤机附近无人员作业、顶帮完好，可以检修。 2. 采煤机、刮板机已停电闭锁，附近区域液压支架已闭锁或已关闭截止阀。 3. 更换大件已严格落实专项安全技术措施。 4. 采煤机各手把、按钮、开关、遥控器等灵敏可靠，内外喷雾压力、油位符合要求，滚筒截齿齐全、齿轨完好、拖缆装置完好。 **所有安全隐患已排查，安全确认完毕！**	

现场示范图例	
示范图一	
示范图二	

11 支架检修工岗位示范清单

岗位	支架检修工
岗位职责	我是支架检修工,主要负责支架检修维护工作,确保液压系统不漏不窜、进回液分流截止有效、管路排列整齐接头可靠、各操纵阀动作灵活位置准确、喷雾系统工作正常。

安全风险及管控措施	安全风险:	管控措施:
	*1.降架、降梁、更换液压元件时未对支架周边人员进行检查,易造成人身伤害。	1.降架、降梁、更换液压元件时必须检查支架周边有无人员作业。
	*2.更换高压液管时未停泵卸压、语音确认、关闭截止阀就开始作业,易造成人身伤害。	2.更换高压液管时必须执行停泵卸压、语音确认、关闭截止阀。
	*3.工作面煤壁侧检修未远离采煤机、未闭锁刮板机和支架、未检查顶帮支护,易造成人身伤害。	3.工作面煤壁侧作业必须远离采煤机,闭锁刮板机、支架,并严格执行敲帮问顶制度。
	*4.更换前梁、尾梁、立柱等大件时未落实专项安全技术措施,易造成设备损坏或人身伤害。	4.更换大件必须落实专项安全技术措施,检修完毕后按照检修项目逐一复查,确保检修全面,以防遗漏。

隐患排查及现场安全确认	隐患排查及现场安全确认: 1.支架架前顶帮完好,附近无人员作业,可以检修。 2.已停泵卸压和语音确认,可以检修高压系统。 3.已远离采煤机,刮板机已闭锁,支架截止阀已关闭。 4.更换大件现场已落实专项安全技术措施。 **所有安全隐患已排查,安全确认完毕!**

现场示范图例		
示范图一		
示范图二		

第五节 掘进专业岗位描述示范

1 掘进生产班班长岗位示范清单

岗位	掘进生产班班长
岗位职责	我是掘进生产班班长，主要负责巷道掘进作业，对掘进安全生产、工程质量负责，及时排查事故隐患，确保作业安全。

| 安全风险及管控措施 | 安全风险：
1. 班前会未认真排查作业人员精神状态，易造成人身伤害。
*2. 工作面安全监控设施悬挂设置不符合要求，掘进设备不完好，工器具缺失，设备存在带病运行情况，易造成设备损坏或人身伤害。
*3. 未开展探放水或探放水钻探距离不足就开始生产，工作面超循环空顶作业，顶帮支护不及时，存在危岩活矸，易造成透水、顶板事故；各种防尘设施不完好，造成粉尘大，易引发职业伤害。
*4. 作业前未根据现场变化及时汇报并变更施工工艺，易发生安全生产事故。 | 管控措施：
1. 上岗前对本班人员排查，精神状态不佳的人员严禁入井作业，现场严格按照规程规定组织施工。
2. 作业前必须对甲烷传感器、风筒传感器及风筒出口与工作面迎头距离进行逐项检查，安排各岗位操作工对掘进设备、工器具逐项检查。
3. 进入作业地点必须首先组织人员检查探放水孔，进行敲帮问顶，禁止超循环空顶作业；对各种防尘设施进行检查。
4. 作业前对现场条件进行分析研判，出现变化及时汇报，并根据变化情况按规程规定要求变更工艺。 |

| 隐患排查及现场安全确认 | 隐患排查及现场安全确认：
1. 作业人员精神状态良好，岗位人员工作安排合理。
2. 作业地点顶帮支护完好。
3. 各种监控设施符合要求，风筒出风口距离符合规定，甲烷浓度符合要求。
4. 掘进机、皮带机各种保护齐全完好，设备运行正常。
5. 施工工器具齐全完好。
6. 各种防尘设施完好有效。
所有安全隐患已排查，安全确认完毕！ |

	现场示范图例
示范图一	
示范图二	

2 掘进检修班班长岗位示范清单

岗位	掘进检修班班长	
岗位职责	我是掘进检修班班长，主要负责掘进巷道的设备检修、维护保养，对掘进设备检修质量、设备完好负责，并及时排查检修事故隐患，确保作业安全。	
安全风险及管控措施	安全风险： 1. 班前会未认真排查作业人员精神状态，可能造成人身伤害。 *2. 检修作业未按照标准检修作业流程进行，可能造成设备损坏或人身伤害。 *3. 检修作业前未对周围作业环境（顶帮、瓦斯、人员等）进行安全确认，易造成人身伤害。 *4. 无计划检修、大型检修未制定专项安全技术措施或未按照检修计划合理调配人员，易发生检修事故。	管控措施： 1. 上岗前对本班人员排查，精神状态不佳的人员严禁入井作业。 2. 检修作业必须按照检修标准作业流程，检修人员必须熟练掌握设备性能，检修前必须对设备进行停电闭锁并上锁挂牌管理，严格执行"谁停电谁送电"规定。 3. 进入检修地点必须进行敲帮问顶，确认顶帮支护完好、甲烷浓度符合要求，周围无其他人员作业，并与岗位操作工沟通好，防止人员误操作。 4. 根据上一班岗位操作工对设备运行反馈情况，提前制定检修计划，并准备检修所用的各种工器具及材料，大型检修必须有专门安全技术措施；同时根据检修计划，合理调配人员。
隐患排查及现场安全确认	隐患排查及现场安全确认： 1. 作业人员精神状态良好，已根据检修计划合理进行任务分配。 2. 作业地点顶帮支护完好，甲烷浓度符合要求，周围无人员作业，符合检修条件。 3. 检修工器具齐全，劳动防护用品佩戴规范，检修材料准备到位。 4. 检修设备已进行停电闭锁并上锁挂牌管理。 **所有安全隐患已排查，安全确认完毕！**	

现场示范图例	
示范图一	
示范图二	

3 支护工岗位示范清单

岗位	支护工	
岗位职责	我是支护工，主要负责掘进巷道支护作业，对巷道支护安全和质量负责，及时排查事故隐患，确保作业安全。	
安全风险及管控措施	安全风险： *1.劳动防护用品穿戴不规范，作业过程中易造成人身伤害。 2.支护设备带病运行，带压管路连接不牢固，使用不匹配的U型卡，易造成人身伤害。 *3.工作面顶帮不完好，存在危岩活矸，临时支护不到位，易造成片帮掉顶伤人。 *4.高处作业时，易发生坠落伤害；作业结束后，风水阀门未关闭，未卸压拆除胶管，易造成高压胶管伤人。 5.打钻时用力过大或卡钻，易导致钻杆弯曲变形伤人；接卸钻杆时，钻杆滑落，易造成人身伤害。 *6.支护不及时或支护参数不符合设计要求，易造成冒顶伤人。	管控措施： 1.作业前对安全帽、防尘口罩、工作服等劳动防护用品逐项检查，严格执行"三紧两不要"规定。 2.作业前检查支护设备是否完好、带压管路连接是否可靠。 3.进入作业地点首先进行敲帮问顶，临时支护安设到位，杜绝空顶作业。 4.高处作业时必须系好安全带；作业结束后，先关闭风水阀门、排出余风余水后再拆除风水管。 5.打钻时匀速进给，出现卡钻时及时停钻，退钻进行处理；接卸钻杆时，严禁站在钻杆滑落波及范围内。 6.严格按照作业规程规定，及时进行顶帮支护，各支护参数符合设计要求。
隐患排查及现场安全确认	隐患排查及现场安全确认： 1.作业前袖口、领口、衣角全部系紧，未戴手套、毛巾未外漏。 2.作业地点顶帮支护完好。 3.高压胶管连接已使用专用U型卡，连接牢固。 4.高处作业已规范佩戴安全带。 5.作业结束后，切断锚杆机电源，风水阀门已关闭，余风余水已排出。 **所有安全隐患已排查，安全确认完毕！**	

现场示范图例	
示范图一	
示范图二	

4 掘锚机司机岗位示范清单

岗位	掘锚机司机	
岗位职责	我是掘锚机司机，主要负责井下巷道掘进作业和支护作业，及时排查事故隐患，确保掘进和支护作业安全。	
安全风险及管控措施	安全风险： 1. 开机及行走前未预警，可能造成掘锚机及锚杆转载机附近人员伤害。 *2. 摆动机尾前未检查人员站位并预警，可能造成人身伤害。 *3. 与支护工配合不当，可能造成人身伤害。 *4. 掘锚一体机及其操作手柄、机尾和截割头停机摆放位置不当，可能造成人身伤害。 *5. 生产期间人员站位不当或在后配套设备运行路线内活动，可能造成人身伤害。 *6. 工作面出现透水、冒顶预兆仍继续作业，可能造成人身伤害。	管控措施： 1. 开机前，先发出开机警告，行走前发出预警，确认掘锚机附近人员撤离到安全地点后，按顺序启动掘锚机。 2. 摆动机尾前必须确认机尾摆动范围无人，并发出预警后，方可操作。 3. 作业前必须与支护工互相确认安全后，方可操作。 4. 停机后必须将掘锚一体机退机停放在顶帮支护完好、无淋水且平整的地方；将所有操作手柄放在规定位置，机尾降至最低处，截割头落地。 5. 生产期间严禁离开作业平台随意走动，遇特殊情况，必须通知后配套设备操作人员停机、断电、上锁后，方可离开作业平台。 6. 出现透水预兆时，立即停止作业，撤离工作地点，及时汇报；严格遵守作业规程，杜绝超循环空顶作业，发现顶板破碎、片帮严重时，及时支护，避免冒顶、片帮伤人。
隐患排查及现场安全确认	隐患排查及现场安全确认： 1. 正确佩戴劳动防护用品。 2. 检查掘锚机和锚杆转载机各闭锁装置完好，各部位符合作业要求。 3. 确认掘锚机及锚杆转载机周围无人员，掘锚机后配套设备运行路线内无人员活动。 4. 检查掘锚机及锚杆转载机随机电缆无破损。 5. 工作面迎头支护良好，无冒顶片帮现象，无透水征兆。 **所有安全隐患已排查，安全确认完毕！**	

现场示范图例	
示范图一	
示范图二	

5 综掘机司机岗位示范清单

岗位	综掘机司机
岗位职责	我是综掘机司机，主要负责综掘机操作和当班设备的维护保养，及时排查事故隐患，确保设备安全稳定运行，对巷道成型质量负责，与其他岗位工协调配合，保质保量完成当班安全生产任务。

| 安全风险及管控措施 | 安全风险：
*1.开机前未检查工作区域顶板、瓦斯、风筒、探水允许掘进距离，可能造成安全生产事故。
2.开机前未检查综掘机操作手把、按钮、开关、急停等控制部件及喷雾防尘系统，易造成设备损坏或人身伤害。
*3.注意力不集中，未发出开机预警信号，综掘机周围有人员作业，易造成人身伤害。
*4.未按规程规定作业，截割距离超过规定，易发生冒顶事故；截割完毕综掘机未后退，未停机闭锁，易造成人身伤害。
5.综掘机行走随机电缆无人看护，易引发电缆压破漏电事故。 | 管控措施：
1.开机前检查工作区域顶板支护、甲烷浓度、风筒出风口与工作面距离、探水允许掘进距离均符合规定要求。
2.开机前必须按点检流程逐项检查，确认无误方可开机作业。
3.开机前调整个人工作状态，先发出开机预警，确认综掘机附近人员撤离至安全地点后，按顺序启动综掘机。
4.必须严格按照作业规程规定，严禁超循环作业，发现顶板破碎时，短掘短支；割煤完毕后，综掘机必须后退至规定位置，截割头落地，并停电闭锁，盖好防护罩。
5.综掘机行走必须专人看护电缆。 |

| 隐患排查及现场安全确认 | 隐患排查及现场安全确认：
1.开机前已发出开机预警，综掘机周围确认无人员作业。
2.各手把、按钮、开关、急停按钮等控制开关灵敏可靠，内外喷雾压力、各油位符合要求，截割头截齿齐全。
3.综掘机附近顶帮完好，甲烷浓度、风筒出风口与工作面的距离符合要求，探水允许掘进距离在规定范围。
4.随机电缆已安排专人看护。
5.综掘机截割完毕已后退至安全区域，截割头、铲板已落地，各操作手把已归零位且已停电闭锁，可以进行下一道工序作业。
所有安全隐患已排查，安全确认完毕！ |

现场示范图例	
示范图一	
示范图二	

6 连采机司机岗位示范清单

岗位	连采机司机	
岗位职责	我是连采机司机，主要负责连采机操作和当班设备的维护保养，及时排查事故隐患，确保设备安全稳定运行，对巷道成型质量负责，与其他岗位工协调配合，保质保量完成当班安全生产任务。	
安全风险及管控措施	安全风险： *1. 开机前未检查工作区域的顶板、瓦斯、风筒情况，易发生安全事故。 2. 开机前未逐项检查机体控制部件，易造成设备损坏或人身伤害。 *3. 未发出开机预警信号，连采机周围有人员作业，易造成人身伤害；生产过程中未在驾驶室内操作，易造成人身伤害。 *4. 未按规程规定作业，巷道成型差，留有伞檐和台阶，易发生冒顶；更换截齿或处理故障时，未停电闭锁、上锁，连采机误动作，易造成人身伤害。 *5. 退机调机时连采机操作不当，安全距离不足，人员站位不当，易造成设备损坏或人身伤害。	管控措施： 1. 开机前检查工作区域的顶板、瓦斯、风筒等符合规定要求。 2. 必须按步骤检查手把、按钮、开关、遥控器等控制部件，确认完好可靠，方可开机作业。 3. 开机前必须先发出开机预警，确认连采机附近人员撤离至安全地点后，按顺序启动连采机；生产过程中严禁将身体部分探出驾驶室或站在驾驶室外操作连采机。 4. 严格按照作业规程规定，严禁超循环作业，发现顶板破碎时，短掘短支；更换截齿或处理故障时，连采机必须停电闭锁，上锁挂牌。 5. 退机调机时严格执行"行人不行车，行车不行人"制度，确保人员站位安全后再行走。
隐患排查及现场安全确认	隐患排查及现场安全确认： 1. 连采机周围无人员作业。 2. 连采机附近顶帮完好，甲烷浓度符合规定要求。 3. 连采机各手把、按钮、开关、遥控器等控制开关灵敏可靠，内外喷雾压力、各油位符合要求，滚筒截齿齐全。 4. 更换截齿或处理故障时，连采机已停电闭锁，上锁挂牌。 **所有安全隐患已排查，安全确认完毕！**	

现场示范图例

示范图一	
示范图二	

7 锚杆机司机岗位示范清单

岗位	锚杆机司机
岗位职责	我是锚杆机司机，主要负责锚杆机操作和当班设备的维护保养，及时排查事故隐患，确保设备安全稳定运行，对巷道支护安全和质量负责，与其他岗位工配合完成当班安全生产任务。

| 安全风险及管控措施 | 安全风险：
*1.劳动防护用品穿戴不规范，未预警开机，易造成操作人员及锚杆机附近人员人身伤害；升降大架时未预警，易造成人身伤害。

2.设备检查不到位，易造成人身伤害。

3.作业现场巷道顶帮检查不到位，危岩活矸掉落，易造成人身伤害。

*4.卡钻时未拔出钻孔里的钻杆，处理风机和钻箱时，钻杆掉落，易造成人身伤害。

5.作业结束后，未按规定程序拆除胶管，易造成高压胶管伤人。 | 管控措施：
1.作业前对防尘口罩、工作服等劳动防护用品逐项检查，严格执行"三紧两不要"规定；开机前必须预警，并查看锚杆机周围5m范围内有无其他人员或障碍物，确认安全后方可开机；升降大架时，必须发出预警并确认其他作业人员站位安全。

2.开机前必须对各操作按钮、闭锁装置进行认真检查，确保其完好且灵活可靠；使用前，必须检查高压胶管连接正确，使用专用U型卡。

3.进入作业地点必须首先进行敲帮问顶，确保顶帮安全。

4.卡钻处理风机和钻箱前，必须先拔出钻孔里的钻杆。

5.作业结束后，先关闭风水阀门、切断锚杆机电源、排出余风余水后再拆除风水管。 |

| 隐患排查及现场安全确认 | 隐患排查及现场安全确认：
1.袖口、领口、衣角全部系紧，未戴手套、毛巾未外漏，严格按照规程操作。
2.周围无其他人员和障碍物。
3.作业范围内顶、帮支护完好。
4.锚杆机各操作按钮、闭锁装置灵敏可靠。
5.高压胶管连接使用专用U型卡，连接牢固。
6.作业结束后，锚杆机隔离开关已打至零位，电源已切断。
所有安全隐患已排查，安全确认完毕！ |

现场示范图例	
示范图一	
示范图二	

8 梭车司机岗位示范清单

岗位	梭车司机	
岗位职责	我是梭车司机,主要负责操作梭车将连采机落煤运输至破碎机处,负责当班梭车的维护保养,及时排查事故隐患,确保设备安全稳定运行,与其他岗位工配合完成当班安全生产任务。	
安全风险及管控措施	安全风险: *1.开机前未对梭车运行区域设好警戒,易造成人身伤害。 2.未检查梭车是否完好或检查不到位,易造成设备伤人事故。 3.进入作业区域前未检查工作区域的顶板、甲烷情况,易发生安全事故。 *4.梭车运行时操作不规范,易导致人身伤害。	管控措施: 1.梭车运行前必须发出开机预警信号,撤出区域内所有人员,并设好警戒。 2.检查梭车电控系统、照明系统、液压制动系统、急停保护装置,确保正常。 3.进入作业区域时必须敲帮问顶,做好巷道的顶帮支护工作,确保机载瓦斯断电仪灵敏可靠。 4.严格控制梭车运行速度,视线不清、联巷拐弯以及靠近连采机、破碎机时必须减速慢行,并打警铃;梭车在运行期间,司机严禁将身体伸出驾驶室外;司机离开驾驶室或梭车停机时,必须停电闭锁,并设好阻车器。
隐患排查及现场安全确认	隐患排查及现场安全确认: 1.运行区域人员已撤出,警戒已设好。 2.梭车作业区域顶帮完好,甲烷浓度符合规定。 3.梭车油位正常,各系统完好。 4.梭车停止作业时,停电闭锁,阻车器安设到位,设备处于安全状态。 **所有安全隐患已排查,安全确认完毕!**	

现场示范图例	
示范图一	
示范图二	

第六节 机电专业岗位描述示范

1 机电班班长岗位示范清单

岗位	机电班班长	
岗位职责	我是机电班班长，主要负责班组安全管理、编制设备检修计划，统筹安排好设备日常运行、维护、保养、巡查以及应急处置等工作，确保机电设备安全稳定、运行可靠。	
安全风险及管控措施	安全风险： 1. 班前会未认真排查作业人员精神状态，易发生人身伤害。 *2. 未对本班作业工器具、设备仪器仪表进行检查，易造成人身伤害。 3. 无计划、无措施检修，易发生设备故障及人身伤害。 *4. 井下防爆电气设备管理不到位，易发生瓦斯爆炸事故。 *5. 机电设备保护未投入，易造成人身伤害或设备损坏。	管控措施： 1. 上岗前认真排查员工精神状态，精神状态不佳影响正常工作严禁入井。 2. 作业前应对当班绝缘用具、验电笔、放电线等工器具及设备电压表、电流表、流量计、压力表等仪器仪表进行全面检查。 3. 根据设备特性，编制设备检修计划和安全技术措施，并组织本班员工严格落实。 4. 防爆电气设备到矿验收时，必须检查防爆产品合格证、煤矿矿用产品安全标志，并核查与安全标志审核的一致性；井下防爆电气设备的运行维护和修理必须符合各项防爆性能技术要求，防爆性能遭受破坏的电气设备必须立即处理或更换；必须每月开展一次防爆检查。 5. 井下高压电动机、动力变压器的高压控制设备应具有短路、过负荷、接地和欠压释放保护；采区变电所、移动变电站或配电点引出的馈电线上必须有短路、过负荷和漏电保护；低压电动机的控制设备必须具有短路、过负荷、单向断线、漏电闭锁保护和远程控制功能。
隐患排查及现场安全确认	隐患排查及现场安全确认： 1. 班组人员状态良好。 2. 现场各类工器具及设备仪器仪表齐全、完好、有效。 3. 作业区域顶板支护完好，有毒有害气体浓度符合规定。 4. 电气设备各种保护齐全，无失爆。 **所有安全隐患已排查，安全确认完毕！**	

现场示范图例

示范图一	
示范图二	

2 井下电工岗位示范清单

岗位	井下电工	
岗位职责	我是井下电工，主要负责井下电气设备运行、维护、保养、巡视、检查以及应急处理等工作，确保电气设备安全稳定、运行可靠。	
安全风险及管控措施	安全风险： *1. 操作高压电气设备时，未佩戴绝缘防护用具，易造成触电事故。 2. 带电检修电气设备，易造成触电伤人或爆炸事故。 3. 未检查作业地点周边环境，易造成电气设备进水，引发短路故障；未检查瓦斯就进行送电，易造成遇明火发生火灾或瓦斯爆炸事故。 4. 未按程序执行停送电制度，易造成大规模断电或损坏设备；检修完毕后，未进行清点工器具及安全确认，易造成开关短路及人身触电。	管控措施： 1. 操作高压电气设备主回路时，必须戴对应等级的绝缘手套，穿电工绝缘靴或站在绝缘台上。 2. 井下严禁带电检修或搬移电气设备，检修或搬移前，必须切断上级电源，检查瓦斯，在甲烷浓度低于1%时，再用与电源电压相适应的验电笔检验，检验无电后方可对地放电和挂接地线。 3. 开盖前送电前必须按规定检查甲烷浓度；作业前首先对周边环境进行全面检查，严禁在潮湿有淋水的地点检修电气设备。 4. 必须按照规定执行工作票制度，对上级开关电源进行停电，并悬挂警示牌，安排专人看护；严格执行检修作业规程，检修完毕后必须清点检修工器具并进行确认。
隐患排查及现场安全确认	隐患排查及现场安全确认： 1. 顶板完好，无淋水。 2. 经测量，甲烷浓度符合要求。 3. 经检查，开关已停电、闭锁、挂牌。 4. 使用电压等级相适应的验电笔进行验电，对三根相线进行放电，确认无电。 5. 电气作业劳动防护用品穿戴齐全规范。 6. 所有作业工器具已清点完毕，数量齐全。 **所有安全隐患已排查，安全确认完毕！**	

现场示范图例	
示范图一	
示范图二	

3 井下钳工岗位示范清单

岗位	井下钳工	
岗位职责	我是井下钳工，主要负责本岗位范围内机械设备的日常检查、检修、维护、保养以及故障抢修等工作，确保设备高效运行。	
安全风险及管控措施	安全风险： *1.吊装作业时站位不当，易造成人身伤害。 2.吊装作业时，起吊点不牢固，起吊用具不完好，易造成人身伤害；设备转动部位未安装防护设施，易造成机械伤害。 3.作业地点顶帮不完好，存在危岩活矸，易造成漏顶片帮伤人。 *4.检修时未停电闭锁，易造成设备误启动伤人。	管控措施： 1.吊装作业时，严禁站在设备坠落和倾倒波及范围内。 2.吊装作业前，必须确认起吊点牢固可靠，起吊用具完好；设备转动部位必须安装防护设施。 3.进入作业地点前，必须进行敲帮问顶；处理完危岩活矸后，确认支护完好。 4.检修时严格执行停送电管理制度。
隐患排查及现场安全确认	隐患排查及现场安全确认： 1.吊装作业时，设备坠落和倾倒方向无人员。 2.作业地点顶帮支护情况完好。 3.检修时设备已停电闭锁，悬挂停电牌，并安排专人看护。 4.吊装作业前，已检查起吊点牢固可靠，起吊用具完好。 5.设备转动部位已安装防护罩。 **所有安全隐患已排查，安全确认完毕！**	

现场示范图例	
示范图一	
示范图二	

4 井下变电所配电工岗位示范清单

岗位	井下变电所配电工
岗位职责	我是井下变电所配电工，主要负责巡查本区域电气设备运行状况，按调度指令进行停送电操作，确保安全供电。
安全风险及管控措施	安全风险： *1.停送电时未正确佩戴绝缘防护用具，易造成触电事故。 *2.停送电前未核对线路等信息，误停误送，易造成人身伤害及电气设备损坏。 3.未执行调度指令制度，约时停送电，易造成人身伤害。 4."三大保护"不可靠、不灵敏，未起到保护作用，易造成人身伤害、设备损坏。 管控措施： 1.停送电时，必须戴对应等级的绝缘手套，穿电工绝缘靴或站在绝缘台上。 2.停送电操作前，必须严格按照工作票内容，核对停电或送电线路、开关编号等。 3.停送电操作严格执行调度指令制度和"两票"工作制度。 4.定期试验设备各保护装置，确保灵敏可靠、整定值符合要求。
隐患排查及现场安全确认	隐患排查及现场安全确认： 1.已参加专业培训，并持证上岗。 2.停送电开关编号已核对一致。 3.绝缘防护用具已穿戴齐全。 4.设备运行状态完好。 **所有安全隐患已排查，安全确认完毕！**

现场示范图例	
示范图一	
示范图二	

5 瓦斯抽采泵司机岗位示范清单

岗位	瓦斯抽采泵司机
岗位职责	我是瓦斯抽采泵司机，主要负责瓦斯抽采泵日常运行、维护、巡查、保养及抽采数据对比分析，确保矿井瓦斯抽采系统运行正常。
安全风险及管控措施	安全风险： 　1. 未持证上岗，可能发生误操作，造成设备损坏。 　2. 转动部位未安设防护装置，易造成人身伤害。 　*3. 未按时检查泵房间及泵体周围甲烷浓度，易造成甲烷泄漏或超限。 　4. 未检查气水分离器水位情况，易造成负压过低或电流偏大；未定期人工对比甲烷浓度，导致数据不准确，易引发安全事故。　　　　　管控措施： 　1. 必须持证上岗。 　2. 必须确保转动部位防护装置齐全，并定期紧固。 　3. 按照检查周期对甲烷浓度进行检查，发现异常及时处理。 　4. 定期观察水位情况；定期比对甲烷浓度数据，保证数据精确。
隐患排查及现场安全确认	隐患排查及现场安全确认： 1. 已持证上岗。 2. 泵房及管道间甲烷浓度符合规定。 3. 泵体内无杂物，转动灵活。 4. 防护罩完好，可以正常运行。 5. 气水分离器水位在标准值范围。 6. 在线监测与人工对比甲烷浓度数据符合规定要求。 **所有安全隐患已排查，安全确认完毕！**

现场示范图例	
示范图一	
示范图二	

6 主要通风机司机岗位示范清单

岗位	主要通风机司机
岗位职责	我是主要通风机司机，主要负责主要通风机日常运行、巡查、维护、保养及应急处置相关工作，确保矿井供风连续、可靠。
安全风险及管控措施	安全风险： 　1.未持证上岗，可能发生误操作，造成设备损坏。 　*2.未对运行风机电流、电压等参数进行检查确认，导致无法及时发现设备隐患，造成风机带故障运行或矿井停风；反风换向柜、抱闸装置等反风设施检查维护不到位，易造成矿井停风。 　3.遇到极端天气未采取措施，易发生无计划停电、停风事故。 　4.日常巡检、维护不到位，易造成设备故障。 　*5.备用主要通风机出现故障，易导致风机切换失败，引发井下停风事故。　　　　　　　　　　　管控措施： 　1.必须持证上岗。 　2.定期对电气设备及反风相关设施进行检修、维护、保养。 　3.提前制定应急预案，遇到极端天气及时汇报并预警。 　4.严格执行设备定期巡回检查制度。 　5.全面排查备用主要通风机完好情况，如切换失败立即切换至原风机运行并保证10min内启动运行。
隐患排查及现场安全确认	隐患排查及现场安全确认： 　1.已按规定佩戴并规范使用绝缘防护用具。 　2.已按期对电气设备及反风相关设施进行巡检、维护、保养，相关设备、设施无异常。 　3.已对设备进行全面巡视检查。 　4.主要通风机切换前已对风机附属设施全面检查，符合切换条件。 **所有安全隐患已排查，安全确认完毕！**

现场示范图例	
示范图一	
示范图二	

7 水泵维护工岗位示范清单

岗位	水泵维护工	
岗位职责	我是水泵维护工，主要负责主排水泵日常检查、维护、保养、检修，严格遵守操作规程，熟练掌握设备的结构性能和工作原理，及时消除安全隐患，确保水泵安全、高效运转。	
安全风险及管控措施	安全风险： 1.设备巡查不到位或记录填写不规范，导致误判断、误操作，易引发事故。 2.水泵及电机启动前未检查各部件是否完好，转动部位未安装防护装置，易造成人身伤害及设备损坏。 3.水泵盘根过紧，导致高温，易造成人身伤害或设备损坏。 *4.未按照设备启停操作顺序操作水泵，易造成设备损坏或人身伤害；未及时观察水位及设备运行情况，导致水泵空载运行，易引起设备损坏。	管控措施： 1.严格执行岗位巡查制度，按时进行巡查，填写记录。 2.启动前必须检查确认泵体及电机的紧固件、管道和闸阀等开启状态，转动部位必须安装防护罩并设警示牌，确保防护牢固可靠。 3.定期对水泵盘根进行调整或更换。 4.严格按照设备操作规程顺序进行启停水泵；及时观察水仓水位并检查设备运行情况。
隐患排查及现场安全确认	隐患排查及现场安全确认： 1.水泵、电机各部位完好。 2.防护设施齐全可靠。 3.水泵盘根松紧适中。 4.各项记录填写规范。 5.已熟练掌握操作方法。 6.水泵启动后检查水仓水位、管路正常，水泵及电机运行正常，吸水井无杂物。 **所有安全隐患已排查，安全确认完毕！**	

现场示范图例	
示范图一	
示范图二	

8 地面变电站配电工岗位示范清单

岗位	地面变电站配电工
岗位职责	我是地面变电站配电工，主要负责定时巡查本区域电气设备运行状况，按调度指令进行停送电操作，对设备、电缆进行检查、维护、保养、检修，确保安全供电。
安全风险及管控措施	安全风险： *1.未穿戴和使用绝缘防护用具进行高压电气设备操作，可能造成人身触电。 *2.未严格执行"五防"措施，可能造成停电事故或人身伤害。 *3.未严格执行停送电管理制度，可能造成人身触电和设备损坏。 4.巡检时与高压电气设备安全距离不足，可能造成人身触电。 管控措施： 1.严格按照《电力安全工作规程 电气部分》相关规定，操作高压电气设备前必须戴绝缘手套、穿绝缘靴或站在绝缘台上，且所使用的绝缘防护用具与其电压等级相适应，并具有在有效期内的检验合格证。 2.严格执行"防止误分、合断路器；防止带负荷分、合隔离开关；防止带电挂（合）接地线（接地开关）；防止带接地线（接地开关）合断路器；防止误入带电间隔"措施。 3.停送电必须严格执行调度指令制度和工作票、操作票制度，做好停电、验电、放电、接地、挂牌、专人监护，落实"谁停电谁送电"规定。 4.巡检进入高压配电室、变压器室时，必须在黄色警戒线外进行，与设备保持安全距离。
隐患排查及现场安全确认	隐患排查及现场安全确认： 1.绝缘防护用具已穿戴齐全。 2."五防"措施已落实到位。 3.调度指令制度和工作票、操作票制度已执行到位。 4.巡检时与高压电气设备已保持足够安全距离。 **所有安全隐患已排查，安全确认完毕！**

现场示范图例	
示范图一	
示范图二	

9 空压机司机岗位示范清单

岗位	空压机司机	
岗位职责	我是空压机司机，主要负责空压机日常运行、维护、巡检、保养工作，严格遵守操作规程，熟练掌握设备的结构性能和工作原理，及时排查安全隐患，确保供风连续、稳定、可靠。	
安全风险及管控措施	安全风险： 1. 带电操作电气设备，易造成触电伤人。 2. 外漏的转动和传动部位未加装防护罩，易造成人员绞伤。 3. 未检查压风机安全阀油温、油位，设备高温易造成油、气烧伤。 4. 未检查试验各类保护灵敏动作情况，保护动作不灵敏，易造成设备损坏和人身伤害。	管控措施： 1. 严格按规程规定操作电气设备。 2. 加装防护罩或护栏并保证齐全有效，运转时保持安全距离。 3. 设备发生漏油、漏气现象，应立即停机检查，排查故障。 4. 定期试验、检修各类保护完好情况。
隐患排查及现场安全确认	隐患排查及现场安全确认： 1. 防护罩及遮栏安全、可靠。 2. 压风机安全阀油温、油位、压力正常。 3. 已安排专人进行停送电工作。 4. 各类保护齐全有效、灵敏可靠。 5. 启动加载后，油温、油位正常，各连接部件无漏气、漏油现象，各系统压力正常。 **所有安全隐患已排查，安全确认完毕！**	

现场示范图例	
示范图一	
示范图二	

10 司炉工岗位示范清单

岗位	司炉工
岗位职责	我是司炉工，主要负责锅炉日常运行、检修、维护、保养，严格遵守操作规程，熟练掌握设备的结构性能和工作原理，及时排查安全隐患，确保锅炉设备安全运行。

| 安全风险及管控措施 | 安全风险：
*1. 未持证上岗，可能发生误操作，造成设备损坏。
2. 操作供气管道阀门未正确穿戴劳动防护用品，易造成人员烫伤。
*3. 压力表、安全阀未按时进行校验，易导致锅炉蒸汽压力无法判断，超压后引起锅炉爆炸。
4. 天然气管道未按时检测，出现泄漏，易遇明火引发火灾或爆炸事故。
5. 水位计未按时冲洗，水位失真，易造成锅炉满水或缺水事故。 | 管控措施：
1. 必须持证上岗。
2. 必须正确穿戴安全帽、防静电服、手套等劳动防护用品，配齐专用操作工具。
3. 锅炉安全设施必须按照《特种设备安全法》及《特种设备安全监察条例》规定要求进行定期检验，按时进行检查。
4. 按规定进行泄漏检测，保证室内通风良好，严禁携带火种进入锅炉房内。
5. 定期进行水位连锁保护，按时冲洗水位计。 |

| 隐患排查及现场安全确认 | 隐患排查及现场安全确认：
1. 已持证上岗。
2. 劳动防护用品配备齐全，穿戴规范。
3. 压力表、安全阀检验有效，设备完好。
4. 水位计清晰，连锁试验灵敏可靠。
5. 天然气管道无气体泄漏，室内通风良好，现场无明火隐患，符合锅炉安全运行条件。
所有安全隐患已排查，安全确认完毕！ |

现场示范图例	
示范图一	
示范图二	

11 机修车间钳工岗位示范清单

岗位	机修车间钳工
岗位职责	我是机修车间钳工，主要负责设备的机械部分检修和设备管路的安装、回收等，确保井上下安全生产设备高效运行。

安全风险及管控措施	安全风险：	管控措施：
	1. 作业时领口、袖口未系紧，易造成人身伤害。	1. 作业前正确佩戴劳动防护用品，将袖口、领口系紧，并与设备转动部位保持安全距离。
	2. 设备转动部位防护罩不完好，易造成人身伤害。	2. 设备转动部位防护罩必须完好可靠。
	3. 电气焊、起吊、搬运作业未制定安全技术措施，易发生人身伤害。	3. 电气焊、起吊、搬运作业缺少相应的安全技术措施时，禁止作业。
	4. 检修高压管路时未卸压，易造成高压液体、气体伤人。	4. 检修高压管路时，必须提前释放压力。
	5. 装运设备及管路时，捆绑不牢靠掉落，易造成设备损坏或人身伤害。	5. 装运设备及管路时，必须捆绑牢固。

隐患排查及现场安全确认	隐患排查及现场安全确认： 1. 高压管路已卸压，符合检修条件。 2. 电气焊、起吊、搬运作业前均已制定相应的安全技术措施。 3. 安全防护设施齐全可靠。 4. 劳动防护用品已穿戴规范。 **所有安全隐患已排查，安全确认完毕！**

现场示范图例	
示范图一	
示范图二	

第七节 运输专业岗位描述示范

1 运输班班长岗位示范清单

岗位	运输班班长	
岗位职责	我是运输班班长，主要负责检查轨道线路、皮带运输设备等，协调当班生产情况，确保当班运输安全。	
安全风险及管控措施	安全风险： 1. 班前会未认真排查作业人员精神状态，易发生人身伤害。 2. 未组织岗位工对设备进行全面排查，易发生设备损坏或人身伤害。 3. 未对作业区域进行风险预判、安全提示，易造成安全事故。 *4. 违章指挥、违章操作或操作不规范，任务分配不合理，人员配备不足，易造成人身伤害。	管控措施： 1. 上岗前认真排查，员工精神状态不佳严禁入井。 2. 作业前必须对运输设备、连接装置、制动装置、张紧装置、安全设施等进行全面排查，确保完好。 3. 根据工作安排，结合现场实际情况进行风险预判，及时进行安全提醒。 4. 加强班中动态管理，杜绝"三违"现象发生，合理分配工作任务，确保运输安全。
隐患排查及现场安全确认	隐患排查及现场安全确认： 1. 作业人员精神状态良好，符合上岗条件。 2. 劳动防护用品完好，佩戴齐全规范。 3. 作业人员配备充足，任务分配合理。 4. 当班已进行风险预判及安全提示。 5. 班中巡查到位。 **所有安全隐患已排查，安全确认完毕！**	

现场示范图例	
示范图一	
示范图二	

2 胶带机司机岗位示范清单

岗位	胶带机司机	
岗位职责	我是胶带机司机，主要负责胶带输送机的运行和日常维护，严格遵守操作规程，熟练掌握设备的结构性能和工作原理，及时排查安全隐患，确保胶带输送机的安全稳定运行。	
安全风险及管控措施	安全风险： *1.胶带机运行中处理故障或清理浮煤，易造成人身伤害。 *2.设备部件不完好，保护装置不齐全，通信系统不畅通，可能造成设备损坏及人身伤害。 3.设备启动未预警，易发生安全事故。 4.停机未停电闭锁、挂牌，设备误启动，易造成人身伤害。 *5.跨越或钻行运行中的胶带机，易造成人身伤害。	管控措施： 1.胶带机运行期间，严禁处理故障或进行清理浮煤、滚筒托辊附着物等工作，规范使用工器具。 2.对驱动部、张紧部、传动部、制动部、带面、机架等进行检查，确保设备完好；对跑偏保护、堆煤保护、防撕裂保护、烟雾保护、打滑保护、拉线急停保护、温度保护和自动洒水装置等进行试验，确保灵敏可靠；检查并试验通信系统，确保通信畅通。 3.设备启动时必须对周边人员、障碍物等进行全面排查，无异常后发出预警信号方可开机。 4.停机后及时对设备停电闭锁、上锁，悬挂警示牌。 5.按照规定路线巡检，跨越皮带时必须走行人过桥。
隐患排查及现场安全确认	隐患排查及现场安全确认： 1.通信设备完好畅通。 2.操作台、开关、按钮完好。 3.保护装置齐全有效。 4.各部位检查未见异常。 5.启动前已发出预警信号。 6.停机已停电闭锁、上锁、挂牌。 **所有安全隐患已排查，安全确认完毕！**	

现场示范图例	
示范图一	
示范图二	

3 无极绳梭车跟车工岗位示范清单

岗位	无极绳梭车跟车工
岗位职责	我是无极绳梭车跟车工，主要负责井下物料运送、废料回收工作，严格执行运输管理规定，时刻与车辆保持安全距离，确保梭车运行安全。

| 安全风险及管控措施 | 安全风险：
1.跟车时站位不合理，注意力不集中，可能发生运输事故。
2.手持机、打点器等通信设备不畅通，梭车钢丝绳楔块固定不牢、钢丝绳磨损超限、张紧力不足，车辆连接不可靠，可能造成运输事故。
*3.轨道线路有障碍物影响，"一坡三挡"安全设施开闭不及时，可能造成车辆掉道伤人事故。
4.未执行运输管理规定，可能造成人身伤害。 | 管控措施：
1.跟车上下坡站位要正确，运输期间保持高度警惕。
2.作业前必须认真检查无极绳梭车钢丝绳完好情况，检查梭车钢丝绳固定楔块牢固、闭锁块处于闭锁、钢丝绳张紧适度、托绳轮和压绳轮完好有效、限位过卷保护灵敏可靠、通信系统畅通；确保车辆连接可靠，杜绝超载、偏载，正确使用保险绳。
3.行车过程中必须时刻注意车辆运行情况，观察轨道线路有无影响车辆运行的障碍物、安全设施是否及时开闭，确保运输安全。
4.跟车时与车辆时刻保持安全间距，严禁蹬车、扒车、乘坐梭车，严格执行"行人不行车，行车不行人"制度。 |

| 隐患排查及现场安全确认 | 隐患排查及现场安全确认：
1.通信设备完好、信号清晰。
2.梭车钢丝绳连接牢固。
3.车辆连接可靠，保险绳已连接。
4.严格执行运输管理规定。
5.安全设施完好，并正常使用。
所有安全隐患已排查，安全确认完毕！ |

现场示范图例	
示范图一	
示范图二	

4 主提升机司机岗位示范清单

岗位	主提升机司机	
岗位职责	我是主提升机司机，主要负责主提升机的安全运行、日常维护保养，严格遵守操作规程，熟练掌握设备的结构性能和工作原理，及时排查安全隐患，确保主提升机安全平稳运行。	
安全风险及管控措施	安全风险： 1. 未持证上岗，可能发生误操作，造成设备损坏。 *2. 作业时注意力不集中或单人操作无人监护，可能造成安全事故。 *3. 未对电机、减速机、联轴器、油压系统、制动系统、保护装置等进行全面检查，易造成设备损坏及人身伤害。 4. 通信设备、安全设施、警示标识不齐全完好，可能造成人身伤害。 5. 设备带病运行，启动前未检查车辆人员情况，可能造成人身伤害。	管控措施： 1. 必须持证上岗。 2. 操作时应集中精力，手不得离开操作手柄，严格执行一人操作一人监护制度，确保行车安全。 3. 作业前必须对主提升机各转动部位进行全面检查，过卷、减速、松绳、紧急制动、闸间隙、油压系统过压和欠压保护等必须齐全完好，确保紧固螺栓无松动、油量适当。 4. 声光信号和警铃试验时都必须灵敏可靠，防护罩齐全牢固，警示标识设置齐全规范。 5. 运行过程中随时观察电流、电压、油压等各指示仪表的读数，检查深度指示器指针位置和移动速度是否匹配，严禁带病运行，紧急情况及时停车。
隐患排查及现场安全确认	隐患排查及现场安全确认： 1. 已持证上岗。 2. 通信设备完好。 3. 控制系统完好。 4. 保护装置、安全设施、警示标识齐全完好。 5. 主提升机各系统正常。 6. 操作人、监护人已到位，符合作业要求。 **所有安全隐患已排查，安全确认完毕！**	

现场示范图例	
示范图一	
示范图二	

5 信号把钩工岗位示范清单

岗位	信号把钩工	
岗位职责	我是信号把钩工,主要负责提升设备信号的收发,物料封装检查、车辆连接工作,严格遵守操作规程,发现异常及时发出停车信号,确保运输安全。	
安全风险及管控措施	安全风险: 1. 未检查作业区域人员情况就发出提升信号,摘挂钩作业人员站位不合理,易造成人身伤害。 2. 信号装置不完好、不清晰,可能导致司机误操作,造成事故。 3. 车辆装、封车不规范,车辆连接不可靠,就发出提升信号,易造成运输事故。 4. "四超"车辆提升作业未通知司机发出信号,可能造成运输事故。 5. 装封车不规范,连接不良、装载物料超重、超高、超长、超宽、偏载或重心不稳,易造成车辆掉道、物料滑落伤人事故。 6. 已连接车辆未进行二次检查,可能造成运输事故。	管控措施: 1. 发出信号前必须检查周边人员情况,车辆停稳后方可进行摘挂钩作业,头部和身体严禁伸入两车间操作。 2. 检查并试验各信号装置是否完好,确保信号灵敏清晰,故障时严禁提升作业。 3. 必须对车辆的连接情况进行安全确认。 4. 运输"四超"车辆,必须提前通知司机,并按相关安全技术措施进行操作。 5. 封车不合格车辆,严禁升入井。 6. 挂钩完毕必须对车辆运行方向有无障碍进行检查,确认安全后打开跑车防护装置并进入安全区域。
隐患排查及现场安全确认	隐患排查及现场安全确认: 1. 信号装置、安全设施完好。 2. 车辆连接可靠,装封车合格。 3. 作业区域人员站位合理。 4. 特殊提升作业严格按措施执行。 5. 钩头、链环、保险绳等连接件完好。 **所有安全隐患已排查,安全确认完毕!**	

现场示范图例	
示范图一	
示范图二	

6 架空乘人装置司机岗位示范清单

岗位	架空乘人装置司机
岗位职责	我是架空乘人装置司机，主要负责架空乘人装置的安全运行，规范人员乘坐，严格遵守操作规程，加强设备巡查，排查安全隐患，发现异常及时停机处理，确保设备安全运行。
安全风险及管控措施	安全风险： 1.架空乘人装置运行期间擅自离岗，紧急情况无法正常停车，可能造成人身伤害或设备损坏。 *2.钢丝绳断丝超限、锈蚀严重、吊椅不完好，可能导致人员坠落或断绳伤人事故。 3.信号不清晰、保护动作不灵敏或脱保运行，遇到紧急情况无法及时停车，可能造成设备损坏或人身伤害。 4.携带物品或乘坐不规范，易造成伤人事故。 管控措施： 1.设备运行期间必须在岗值守，严禁离开工作岗位，无人乘坐时必须停电闭锁。 2.定期检查吊椅、钢丝绳状况，断丝、锈蚀超限，必须及时更换。 3.开机前检查并试验信号和保护装置，确保信号清晰、保护灵敏可靠，严禁甩保护运行。 4.乘员必须规范乘坐，严禁携带超长、超重物品。
隐患排查及现场安全确认	隐患排查及现场安全确认： 1.通信正常。 2.保护正常投用，动作灵敏。 3.钢丝绳状态良好。 4.吊椅完好。 5.乘员乘坐规范。 **所有安全隐患已排查，安全确认完毕！**

现场示范图例	
示范图一	
示范图二	

7 给煤机司机岗位示范清单

岗位	给煤机司机	
岗位职责	我是给煤机司机，主要负责煤仓放煤工作，严格遵守操作规程，熟练掌握给煤机的结构、性能和原理，合理控制煤量，发现异常及时停机处理，确保设备安全运行。	
安全风险及管控措施	安全风险： 1.精神状态不佳或违章操作，易造成撒煤、堆煤事故。 2.开机前未对给煤机进行检查，可能造成安全事故。 3.发现大块煤矸、铁器未及时停机处理，可能造成皮带撕裂事故。 *4.处理给煤机堵塞未制定防护措施，可能造成人身伤害。	管控措施： 1.调整工作状态，严格遵守操作规程。 2.检查电机、机体、固定架等部件，确保紧固、完好、齐全。 3.运行期间加强巡查，发现异常及时停机处理。 4.处理堵塞时，必须采取有效防护措施，并有专人监护。
隐患排查及现场安全确认	隐患排查及现场安全确认： 1.通信设备完好。 2.给煤机各部位完好。 3.出料畅通，无异常。 4.浮煤、杂物已清理，符合开机条件。 **所有安全隐患已排查，安全确认完毕！**	

现场示范图例	
示范图一	
示范图二	

8 轨道维护工岗位示范清单

岗位	轨道维护工	
岗位职责	我是轨道维护工，主要负责矿井辅助运输系统的轨道铺设、检修、维护工作，严格遵守操作规程和技术规范，排查消除安全隐患，确保轨道运行安全可靠。	
安全风险及管控措施	安全风险： 1.身体不适、精神不佳等，易造成人身伤害。 2.工器具不完好，使用不规范，可能造成人身伤害。 3.作业现场顶帮支护不完好，活矸掉落，可能造成人身伤害。 4.斜巷运输跑车防护装置不健全、不完善，或未定期检查安全设施完好状况，易造成矿井跑车，伤害下方作业人员。 *5.更换无极绳绞车钢丝绳未设置警戒，梭车未固定，钢丝绳张力未释放，可能造成跑车、钢丝绳伤人事故。	管控措施： 1.班前要注意休息，调整好精神状态，确保班中精力充沛。 2.施工前检查所用工器具齐全、完好，使用起道器或千斤顶时要规范操作、防止倾倒。 3.进入作业地点，必须检查顶帮支护情况。 4.严格按照要求建立健全斜巷运输跑车防护装置，定期检查确认安全设施完好状态，有效防止失速车辆窜入下方，确保安全运输。 5.更换无极绳绞车钢丝绳时，严格按专项安全技术措施执行，作业前设置警戒，将梭车停靠在阻车器前方加以固定，释放钢丝绳张力，选择合理站位，确保作业安全。
隐患排查及现场安全确认	隐患排查及现场安全确认： 1."一坡三挡"设置可靠。 2.工器具完好。 3.钢丝绳张力已释放。 4.轨道铺设合格。 **所有安全隐患已排查，安全确认完毕！**	

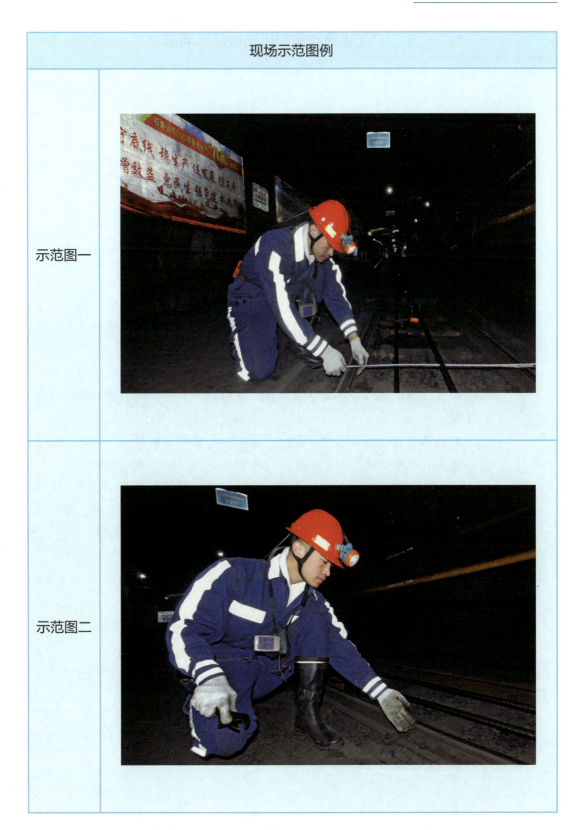

9 无极绳绞车司机岗位示范清单

岗位	无极绳绞车司机
岗位职责	我是无极绳绞车司机，主要负责无极绳绞车的安全运行、日常维护工作，严格遵守操作规程，熟练掌握设备结构性能和工作原理，及时排查安全隐患，确保无极绳绞车安全运行。

安全风险及管控措施	安全风险： 1.状态不佳或注意力不集中，紧急情况无法及时停车，可能造成安全事故。 2.未对绞车各重要部件进行全面检查，可能造成设备损坏及人身伤害。 3.通信设备、操作系统不完好，可能造成设备损坏及人身伤害。 *4.保护装置、安全设施不可靠，可能造成设备损坏及人身伤害。	管控措施： 1.设备运行期间应集中精力，注意观察，若发现异常情况或不明信号立即停车查明原因。 2.作业前必须对电机、减速机、联轴器、油压系统、制动系统等进行全面检查，确保设备运行安全。 3.检查并试验电话、信号、操作台、开关、按钮等，确保完好。 4.检查越位、超速、张力下降等保护装置、防护网、防护栏等安全设施完好可靠，正常投用。
隐患排查及现场安全确认	隐患排查及现场安全确认： 1.顶帮支护完好。 2.通信设备完好。 3.控制系统正常。 4.保护装置、安全设施齐全。 5.无极绳绞车各系统正常，符合作业要求。 **所有安全隐患已排查，安全确认完毕！**	

现场示范图例

示范图一	
示范图二	

10 调度绞车司机岗位示范清单

岗位	调度绞车司机	
岗位职责	我是调度绞车司机，主要负责调度绞车的安全运行、日常维护工作，熟练掌握设备的结构性能和工作原理，及时排查安全隐患，确保调度绞车安全运行。	
安全风险及管控措施	安全风险： 1. 状态不佳或精力不集中，紧急情况无法及时停车，可能造成安全事故。 2. 未对绞车各转动部位进行全面检查，可能造成设备损坏及人身伤害。 3. 通信设备、操作系统、保护装置、安全设施等不可靠、不完好，可能造成设备损坏及人身伤害。 *4. 未执行运输管理规定，可能造成人身伤害。	管控措施： 1. 设备运行期间应集中精力，注意观察，严格执行"一停、二拉、三放、四慢拉、五慢放"规定，若发现异常情况或不明信号立即停车查明原因。 2. 作业前必须对电机、减速机、联轴器、制动系统等进行全面检查，确保设备运行安全。 3. 检查并试验电话、信号、开关、按钮、保护装置、安全设施等，确保完好。 4. 运输期间严格执行"行人不行车，行车不行人"制度。
隐患排查及现场安全确认	隐患排查及现场安全确认： 1. 顶帮支护完好。 2. 声光信号清晰。 3. 控制系统完好。 4. 制动闸可靠，符合作业要求。 **所有安全隐患已排查，安全确认完毕！**	

	现场示范图例
示范图一	
示范图二	

11 防爆无轨胶轮车司机岗位示范清单

岗位	防爆无轨胶轮车司机	
岗位职责	我是防爆无轨胶轮车司机，主要负责人员、材料、设备运输工作，严格遵守行车管理规定，熟练掌握车辆的结构、性能、参数及完好标准，文明驾驶，确保行车安全。	
安全风险及管控措施	安全风险： 1. 未持证上岗，疲劳驾驶，可能造成人身伤害。 2. 未检查车辆完好状况，带病运行，可能造成人身伤害及车辆损坏。 3. 车辆运行遇到行人通过时未停车，超车时未发出信号，发生车辆碰撞事故，可能造成车辆受损及人身伤害。 4. 离开驾驶室车门未关闭或钥匙未随身携带，可能造成其他人员误操作伤人事故。 5. 未按照规定载人载物，人货混载，车辆超载超速，可能发生事故。	管控措施： 1. 必须持证上岗，并保持良好的精神状态，严禁疲劳驾驶。 2. 严格执行无轨胶轮车入井运行和检查制度，必须取得车辆出库完好合格证。 3. 超车时应提前开启转向并鸣笛，用远近灯光示意，待前车让道后方可超行。 4. 离开驾驶室，必须关门上锁，选择巷道完好的地方停放，严禁无证人员驾驶。 5. 运送人员必须使用专用人车，严禁超员；严格按照车辆的核定载重运送设备、物料；运人时不能超过25km/h，运送物料时不能超过40km/h。
隐患排查及现场安全确认	隐患排查及现场安全确认： 1. 已持证上岗，无疲劳驾驶现象。 2. 各项安全管理规定已执行到位。 3. 无强行、强会、强超行为。 4. 车辆已开展刹车和转向检测，车辆完好。 5. 无超载运送设备、物料、人员现象。 **所有安全隐患已排查，安全确认完毕！**	

现场示范图例	
示范图一	
示范图二	

12 防爆无轨胶轮车维修工岗位示范清单

岗位	防爆无轨胶轮车维修工
岗位职责	我是防爆无轨胶轮车维修工，主要负责车辆的日常维修保养及故障处理等工作，熟练掌握车辆的结构、性能、参数、工作原理和技术特征，消除车辆安全隐患，确保维检车辆运行安全。
安全风险及管控措施	安全风险： 1. 精神状态不佳，维修车辆支撑固定不牢靠，易发生人身伤害。 2. 大型部件放置不稳，起吊用具选用不适合或起吊点选择不正确，易造成安全事故。 3. 井下维修作业时，未对作业环境进行检查，易造成人身伤害。 *4. 拆解带压系统未释放压力或设施操作不规范，易造成人身伤害、设备损坏。 5. 检修完毕未进行复查，检修项目缺失，易造成车辆故障或人身伤害。 管控措施： 1. 班前要注意休息，调整好精神状态，确保班中精力充沛；做好车辆支撑固定及保护措施。 2. 大型部件放置平稳，正确选用吊具及吊挂位置。 3. 维修前，检查现场顶、帮支护情况及有毒有害气体情况。 4. 规范使用设备设施，严禁带压作业。 5. 仔细复查，确保检修质量。
隐患排查及现场安全确认	隐患排查及现场安全确认： 1. 车辆支护、支撑牢固可靠。 2. 大型部件放置平稳，吊具合格。 3. 带压系统已卸压。 4. 车辆完好。 5. 现场作业环境良好。 **所有安全隐患已排查，安全确认完毕！**

现场示范图例	
示范图一	
示范图二	

13 防爆装载机司机岗位示范清单

岗位	防爆装载机司机
岗位职责	我是防爆装载机司机，主要负责材料、设备运送工作，严格遵守行车管理规定，熟练掌握车辆的结构、性能、参数及完好标准，文明驾驶，确保行车安全。
安全风险及管控措施	安全风险： 1. 未持证上岗，疲劳驾驶，可能造成人身伤害。 2. 车辆带病运行，易造成人员伤亡或车辆损坏。 3. 作业范围无警示标识，导致作业过程有人员误入，易造成人身伤害。 *4. 未遵守会车安全管理制度，易导致车辆碰撞，造成人身伤害。 5. 车辆停放位置不妥，易造成车辆损坏。	管控措施： 1. 必须持证上岗，并保持良好的精神状态，严禁疲劳驾驶。 2. 严格执行无轨胶轮车入井运行和检查制度，必须取得车辆出库完好合格证，严禁带病运行。 3. 区域内必须设置明显的警示标识，严禁非工作人员进入。 4. 礼貌行车，会车时将远光灯切换成近光灯，下行车辆避让上行车辆，杜绝强行会车。 5. 停车时应选择顶帮支护完好、无积水处停放，铲斗落地。
隐患排查及现场安全确认	隐患排查及现场安全确认： 1. 已持证上岗。 2. 车辆各项数据正常。 3. 车辆作业区域已设警戒，无非作业人员进入。 4. 车辆停放安全可靠。 **所有安全隐患已排查，安全确认完毕！**

现场示范图例	
示范图一	
示范图二	

第八节　地测防治水专业岗位描述示范

1　探放水班班长岗位示范清单

岗位	探放水班班长	
岗位职责	我是探放水班班长，主要负责组织掘进工作面超前探放水钻孔、地质构造钻孔、疏放老空水钻孔等施工，发现透水征兆，立即撤出人员，及时汇报调度，确保工作面作业人员安全。	
安全风险及管控措施	安全风险： 1.作业人员未持证上岗，精神状态不佳，可能造成人身伤害。 2.钻机开机前，未对钻机各控制部件、所需工器具检查，可能造成人身伤害或设备损坏。 3.对作业地点周围情况未进行检查，可能发生冒顶、片帮伤人事故。 4.作业过程中，人员站位不合理，监督不到位，可能造成人身伤害。 5.遇到突发情况处理不及时，可能造成人员涉险或伤害事故。	管控措施： 1.入井前要对本班作业人员持证情况及精神状态进行全面排查。 2.开机前首先检查钻机各控制部件、液压油位、压力表，确保符合规定要求。 3.进入作业地点首先组织进行敲帮问顶。 4.钻探过程中认真排查人员安全站位，发现违章行为及时制止。 5.突遇透水事故征兆时，第一时间组织人员按避灾路线撤离，及时向调度室汇报。
隐患排查及现场安全确认	隐患排查及现场安全确认： 1.作业人员精神状态良好，均已持证上岗。 2.钻机各控制部件连接可靠有效，油表、压力表显示正常。 3.防排水系统设防完好，满足要求。 4.钻机压柱安装牢固。 5.作业地点顶帮支护完好。 6.钻机试运行正常，人员站位合理，可以进行开机作业。 **所有安全隐患已排查，安全确认完毕！**	

现场示范图例	
示范图一	
示范图二	

2 探放水工岗位示范清单

岗位	探放水工	
岗位职责	我是探放水工，主要负责井下掘进工作面超前探放水、探地质构造、疏放老空水等工作，发现透水征兆，立即撤离，及时向调度室汇报，确保作业安全。	
安全风险及管控措施	安全风险： 1. 探水作业时，钻机不按顺序开机，距离钻机较近，注意力不集中，可能造成人身伤害。 2. 钻机开机前，各控制部件不完好，缺油或压力不足；钻机停机后，未停电闭锁，可能造成人身伤害或设备损坏。 3. 作业前未检查探水地点周围情况，可能发生片帮冒顶事故。 *4. 钻孔出水异常，可能造成透水事故及人身伤害。 *5. 钻机行走期间，站位不当或行走区域内有人作业，可能造成人身伤害。 *6. 探测陷落柱、断层等构造时，措施落实不到位，可能导通奥灰水导致淹井事故。	管控措施： 1. 探水作业时，注意力要高度集中，严禁靠近钻机，严格按照顺序进行操作。 2. 钻机开机前，首先检查各控制部件，确保液压油位及压力符合要求；钻机停机后，必须停电闭锁，关闭风水阀门。 3. 进入探水地点首先对顶帮支护进行检查。 4. 钻探过程中，如遇钻孔出水加大、顶钻现象，严禁拔出钻杆，应及时向调度室汇报。 5. 钻机行走期间，两侧及移动方向严禁站人；前后要设置警戒，防止人员误入。 6. 严格按设计进行探测，根据预测水压安设止水套管及闸阀，并进行耐压试验，试验压力达到预计水压的1.5倍以上，发现出水时立即关闭闸阀，并采取注浆封堵措施。
隐患排查及现场安全确认	隐患排查及现场安全确认： 1. 探水地点顶帮支护完好。 2. 甲烷浓度符合规定要求。 3. 防排水系统设防完好，满足要求。 4. 钻机压柱安装牢固。 5. 钻机液压油位、压力正常。 6. 钻机各部件管路连接有效，操作台手柄灵活可靠。 **所有安全隐患已排查，安全确认完毕！**	

现场示范图例

示范图一	
示范图二	

第九节 冲击地压防治专业岗位描述示范

1 防冲班班长岗位示范清单

岗位	防冲班班长	
岗位职责	我是防冲班班长，主要负责当班班前工作任务安排、班中工作管控协调、班后工作总结，确保完成当班安全生产任务。	
安全风险及管控措施	安全风险： 1.作业人员未持证上岗，工作任务或人员安排不当，可能造成人身伤害。 2.入井前未对当班人员劳动防护用品和当班所用工器具进行检查，可能造成人身伤害。 3.设备带病运行时未及时发现，可能造成人身伤害或设备损坏。 4.未及时发现作业人员"三违"情况并及时制止，可能造成人身伤害。 5.交接班时，当班工作完成情况、安全隐患交接不清，可能造成人身伤害。 6.异常情况撤人、汇报、采取措施不及时，可能造成人身伤害。	管控措施： 1.合理安排当班工作任务，当班人员工作任务确认到位，证件佩带齐全。 2.入井前对当班人员劳动防护用品和当班所用工器具进行检查。 3.定期检查设备完好情况，发现问题及时处理，杜绝设备带病运行。 4.检查现场发现"三违"人员必须及时进行制止和教育。 5.严格执行交接班制度，交接内容确认清楚后方可离开。 6.发生异常情况，立即汇报调度室，情况紧急按避灾路线及时组织所有人员撤离。
隐患排查及现场安全确认	隐患排查及现场安全确认： 1.当班人员精神状态良好，均已通过专业培训并持证上岗。 2.当班人员劳动防护用品齐全完好，工器具完好。 3.作业现场安全确认到位。 4.设备运行正常。 **所有安全隐患已排查，安全确认完毕！**	

现场示范图例	
示范图一	
示范图二	

2 防冲工岗位示范清单

岗位	防冲工	
岗位职责	我是防冲工，主要负责井下防冲击地压设施安装、工程施工以及解危卸压等工作，确保现场作业环境安全。	
安全风险及管控措施	安全风险： 1. 未持证上岗，未按规程操作，可能造成人身伤害。 2. 作业前未检查钻机完好情况、未对钻机进行试运转，可能造成设备损坏、人身伤害。 3. 作业前未检查现场有毒有害气体、顶帮情况，可能造成人身伤害。 *4. 作业过程中未及时发现煤体动力变化情况并及时采取措施，可能造成冲击地压。	管控措施： 1. 必须持证上岗，严格按照作业规程作业。 2. 作业前确认钻机完好，试运转正常后方可作业。 3. 作业前确认现场安全后方可作业。 4. 作业过程中认真观察煤岩体情况，仔细记录钻进施工过程，发现煤体动力异常变化立即采取措施进行处理。
隐患排查及现场安全确认	隐患排查及现场安全确认： 1. 持证上岗，精神状态良好，符合作业要求。 2. 作业现场有毒有害气体浓度符合规定，顶帮完好。 3. 设备完好，试运转正常。 4. 作业过程符合要求，记录清楚。 **所有安全隐患已排查，安全确认完毕！**	

现场示范图例	
示范图一	
示范图二	

第七章

选煤厂岗位描述示范

第一节 岗位示范清单名录

选煤厂结合企业特点和实际，按照选煤工艺、选煤机械和选煤电气自动化等专业，列出 15 个关键岗位进行示范内容编制，按照表格展示、图解示范的形式，生动形象地展示"一岗三述"的执行。

序号	专业	岗位名称
1	选煤工艺专业	生产班班长
2		原煤仓下岗位工
3		筛分破碎岗位工
4		重介质分选工
5		选矿脱水工
6		产品仓上岗位工
7		产品仓下岗位工
8		火车装车工
9		汽车仓上岗位工
10		汽车装车工
11	选煤机械专业	维修钳工班班长
12		维修钳工
13	选煤电气自动化专业	维修电工班班长
14		维修电工
15		集控工

第二节 选煤工艺专业岗位描述示范

1 生产班班长岗位示范清单

岗位	生产班班长	
岗位职责	我是生产班班长，主要负责当班安全生产管理，组织召开班前、班后会，认真落实岗位安全生产责任制，发现隐患及时处理并上报，做好突发应急处置，确保系统安全稳定运行。	
安全风险及管控措施	安全风险： 1.班前未认真排查当班人员精神状态，未按规程制度组织本班人员作业，易造成人身伤害。 2.作业前未对所用工具、安全器具进行检查确认，易造成设备损坏及人身伤害。 3.未严格执行交接班制度，作业环境未进行安全检查，易造成设备损坏及人身伤害。 4.班中出现人员脱岗、串岗、工艺调整不当等现象，易造成设备损坏及人身伤害。 5.应急管控措施不到位，可能造成事故扩大。	管控措施： 1.通过班前会点名，确认当班人员声音洪亮、精神饱满，符合上岗条件；工作任务安排得当。 2.检查电动工具、照明器具、通信设备、安全带等符合作业要求。 3.准确对接上一班次生产情况，掌握现场动态，检查防护设施。 4.按时进行岗位巡查，确保生产系统运行正常。 5.提前制定相关应急管控措施，针对本区域可能发生的突发事件做好应急准备。
隐患排查及现场安全确认	隐患排查及现场安全确认： 1.当班人员精神状态良好，生产组织符合规程制度要求。 2.已落实交接班制度，所用工具、设备、防护用品齐全完好。 3.现场环境符合作业要求。 4.工艺参数准确，系统运行正常。 5.应急管控措施到位，应急物资充足有效。 **所有安全隐患已排查，安全确认完毕！**	

现场示范图例	
示范图一	
示范图二	

2 原煤仓下岗位工岗位示范清单

岗位	原煤仓下岗位工	
岗位职责	我是原煤仓下岗位工，主要负责给煤机、胶带机等设备的巡检工作，认真落实岗位安全生产责任制，发现隐患及时汇报处理，确保当班设备安全稳定运行。	
安全风险及管控措施	安全风险： 1. 未按要求佩戴防尘口罩，易造成职业伤害。 2. 给煤机、胶带机保护装置不灵敏、不齐全，闭锁不完好，易造成设备损坏及人身伤害。 3. 作业前未对现场安全防护装置及有毒有害气体进行检查，易造成设备损坏及人身伤害。 *4. 在运行的设备上站、行、坐、卧、横跨，用水冲洗电气设备，易造成设备损坏及人身伤害。 *5. 胶带机运行中处理故障或清理浮煤，易造成人身伤害。	管控措施： 1. 岗前检查防尘口罩，更换滤棉并规范佩戴。 2. 开机前必须检查堆煤、急停、纵撕等保护装置。 3. 护栏、护网必须牢固可靠，警示标识醒目，检测有毒有害气体并记录，保持通风良好。 4. 按照规定路线巡检，站位合理，跨越胶带机等运行设备必须走行人过桥或平台；禁止用水冲洗电气设备。 5. 处理胶带机故障或清理浮煤时必须停机，并严格执行停送电制度，规范使用工器具。
隐患排查及现场安全确认	隐患排查及现场安全确认： 1. 劳动防护用品佩戴规范有效。 2. 设备保护灵敏可靠。 3. 安全防护装置齐全完好，有毒有害气体未超限。 4. 现场无"三违"现象。 5. 给煤机、胶带机运行正常。 **所有安全隐患已排查，安全确认完毕！**	

现场示范图例	
示范图一	
示范图二	

3　筛分破碎岗位工岗位示范清单

岗位	筛分破碎岗位工	
岗位职责	我是筛分破碎岗位工，主要负责胶带机、刮板机、筛机、破碎机等设备的巡检工作，认真落实岗位安全生产责任制，发现隐患及时汇报处理，确保当班设备安全稳定运行。	
安全风险及管控措施	安全风险： 　　1. 工作服等劳动防护用品穿戴不规范，易造成人身伤害。 　　2. 设备保护不灵敏、不齐全，易造成设备损坏及人身伤害。 　　3. 作业前未对现场安全防护装置进行检查，易造成设备损坏及人身伤害。 　　*4. 设备运转中，靠近旋转部位、进入狭窄空间或打开破碎机观察口检查，易造成人身伤害。 　　*5. 筛机运行中，跳到筛板上打楔子、紧筛板螺栓、清理杂物或擦拭激振器等，易造成人身伤害。	管控措施： 　　1. 上岗前认真检查工作服袖口、领口、下摆，确保紧扣，符合作业要求。 　　2. 开机前检查刮板机欠速、胶带机拉绳开关等保护装置完好有效。 　　3. 安全带配备齐全，安全插销完好，除尘设施运行正常，通风良好。 　　4. 设备运行中巡视巡查，站位得当，保证安全距离；在破碎机观察口设置警示标识，严禁运行中打开。 　　5. 处理筛机等设备故障或做清理清洁工作时，必须停机处理，严格执行停电、验电、挂锁制度。
隐患排查及现场安全确认	隐患排查及现场安全确认： 1. 工作服 "三紧" 规范。 2. 设备保护灵敏可靠。 3. 安全防护装置齐全完好，粉尘浓度未超限。 4. 巡检路线通畅，检查动作规范。 5. 筛机运行平稳正常。 **所有安全隐患已排查，安全确认完毕！**	

现场示范图例	
示范图一	
示范图二	

4 重介质分选工岗位示范清单

岗位	重介质分选工
岗位职责	我是重介质分选工，主要负责刮板机、脱泥筛、脱介筛、重介浅槽、分级旋流器、磁选机等设备的巡检工作，认真落实岗位安全生产责任制，发现隐患及时汇报处理，确保当班设备安全稳定运行。
安全风险及管控措施	安全风险： 1. 未佩戴耳塞及通信设备，易造成人身伤害。 *2.重介浅槽分选机在运转中跨越护栏，清理溢流堰大块物料时，站位不当，使用工具不可靠，易造成人身伤害。 3. 地面积水、积煤，有杂物，平台护栏、楼梯踏步不牢固，厂房照明不足，易造成人身伤害。 *4. 进入浅槽、刮板机、筛机及溜槽内部检查，安全防护措施不到位，易造成人身伤害。 5. 未正确使用工器具，易造成人身伤害。 管控措施： 1. 规范佩戴耳塞，呼叫集控室指令回复正常。 2. 护栏牢固可靠、警示清晰，物料粒度不超限，操作平台无杂物，合理站位。 3. 现场做到"四无""五不漏"，实现文明生产，厂房照明设置合理，光线充足。 4. 对上下关联设备停电、验电、上锁，进入筛机下层及溜槽内必须系挂安全带，设专人监护。 5. 清理磁选机滚筒、分选槽、转载溜槽时，必须合理使用工器具，站位得当。
隐患排查及现场安全确认	隐患排查及现场安全确认： 1. 耳塞完好，对讲机电量充足，电话畅通。 2. 浅槽溢流堰无堵塞，运行正常。 3. 筛机运行正常，各部件完好。 4. 已正确系挂安全带。 5. 磁选机运行正常，系统各转载溜槽通畅。 **所有安全隐患已排查，安全确认完毕！**

现场示范图例	
示范图一	
示范图二	

5 选矿脱水工岗位示范清单

岗位	选矿脱水工	
岗位职责	我是选矿脱水工，主要负责筛机、离心机、压滤机、破碎机、浓缩机等设备巡检工作，认真落实岗位安全生产责任制，发现隐患及时汇报处理，确保当班设备安全稳定运行。	
安全风险及管控措施	安全风险： 1.未持证操作加压过滤机，易造成设备损坏及人身伤害。 2.离心机、破碎机、压滤机润滑系统及安全阀、压力表不完好，液压站阀组堵塞，高压风管、油管松动泄漏，易造成设备损坏及人身伤害。 3.加压罐内、浓缩池、水泵房，湿度大、温度高，易造成人身伤害。 4.更换压滤机滤布、滤扇、压条安全防护措施不到位，易造成人身伤害。 *5.作业时站位不得当，未系挂安全带，无人监护，易造成人员坠落。	管控措施： 1.必须经培训并考试合格，取得压力容器特种设备操作证，方可上岗作业。 2.每班必须按要求巡查阀门、仪表、管路连接件，及时检查油位、油压、油温符合规定，规范操作，严禁屏蔽保护。 3.处理加压过滤机故障时，开启轴流风机，进入加压罐内部作业，必须强制通风。 4.使用安全防护板，防止人员滑落，更换滤板采用防倾倒架。 5.清理合介、稀介、煤泥桶桶箅上煤块或浓缩池水面杂物时，系挂安全带，严禁站在危险空间区域，设专人监护，在溢流槽出口处设置拦杂网。
隐患排查及现场安全确认	隐患排查及现场安全确认： 1.已通过培训考试并持证上岗。 2.各种保护齐全完好，动作灵敏可靠。 3.通风良好，温度正常。 4.防护措施到位，压滤机运行正常。 5.各桶箅无堵塞，浓缩池无杂物。 **所有安全隐患已排查，安全确认完毕！**	

现场示范图例	
示范图一	
示范图二	

6 产品仓上岗位工岗位示范清单

岗位	产品仓上岗位工	
岗位职责	我是产品仓上岗位工，主要负责胶带机、刮板机等设备的巡检工作，认真落实岗位安全生产责任制，发现隐患及时汇报处理，确保当班设备安全稳定运行。	
安全风险及管控措施	安全风险： 1.产品仓上高空抛物，易造成人员砸伤。 2.刮板机盖板缺失、破损、未安装到位，易造成设备损坏及人身伤害。 *3.产品仓上有毒有害气体超限，易造成人员中毒等伤害。 *4.胶带机运行中处理故障或清理浮煤，易造成人身伤害。 5.胶带机运行中检查托辊、滚筒，光线不足，距离过近，易造成人身伤害。	管控措施： 1.悬挂"禁止抛物"警示牌，设置安全防护网。 2.开机前检查刮板机盖板齐全、固定可靠，观察口布置合理。 3.对甲烷、一氧化碳等实施在线监测，做好记录，保证通风良好。 4.处理胶带机故障或清理浮煤时，必须停机，并严格执行停送电制度，规范使用工器具。 5.巡检过程中佩戴好照明灯具，保持安全距离。
隐患排查及现场安全确认	隐患排查及现场安全确认： 1.防护网牢固有效，标识醒目。 2.保护装置齐全完好。 3.有毒有害气体未超限。 4.胶带机转动部位安全防护可靠，运行正常。 **所有安全隐患已排查，安全确认完毕！**	

现场示范图例	
示范图一	
示范图二	

7 产品仓下岗位工岗位示范清单

岗位	产品仓下岗位工	
岗位职责	我是产品仓下岗位工，主要负责产品仓下给煤机、胶带机、空气炮等设备正常运转，做好设备巡检，认真落实岗位安全生产责任制，发现安全隐患及时汇报处理，确保当班设备安全稳定运行。	
安全风险及管控措施	安全风险： 1. 未佩戴劳动防护用品，易造成职业危害。 2. 设备保护装置不完好，跨越运行中的胶带机，易造成人身伤害。 *3. 有害气体超限，粉尘超标，光线不足，易造成人员中毒等伤害。 4. 给煤机、胶带机运行中清理积煤，处理溜槽堵塞，易造成人身伤害。 5. 空气炮胶管老化，电磁阀、安全阀、压力表失效，超压操作，易造成设备损坏及人身伤害。	管控措施： 1. 上岗前按规定正确佩戴防尘口罩、耳塞，并及时更换防尘口罩滤棉，检查口罩完好。 2. 检查给煤机保护绳、限位、防堵保护，胶带机防撕裂、欠速、烟雾保护等；跨越胶带机等运行设备时，必须走行人过桥或平台。 3. 甲烷或一氧化碳气体浓度超限，立即撤离现场，并向集控室汇报；粉尘超标时，开启通风除尘装置，在照明充足的情况下作业。 4. 停机处理，执行停电、验电、上锁制度。 5. 及时更换老化胶管，定期校验安全阀、压力表。
隐患排查及现场安全确认	隐患排查及现场安全确认： 1. 劳动防护用品佩戴齐全有效。 2. 保护装置可靠。 3. 通风照明设施完好。 4. 设备运行正常，无积煤，无堵塞。 5. 空气炮运行正常，阀组动作灵敏。 **所有安全隐患已排查，安全确认完毕！**	

现场示范图例	
示范图一	
示范图二	

8 火车装车工岗位示范清单

岗位	火车装车工	
岗位职责	我是火车装车工，主要负责火车装车系统的操作，实时掌握系统运行情况，认真落实岗位安全生产责任制，发现隐患及时汇报处理，确保当班设备安全稳定运行。	
安全风险及管控措施	安全风险： 1. 未实时确认系统岗位人员情况下盲目启停设备，保护未投入，易造成设备损坏及人身伤害。 2. 上位机故障，液压系统压力不足、油温高，泄压阀失效、平煤刮板及压实系统动作不灵敏，易造成设备损坏及人身伤害。 3. 装车塔楼下有行人、落煤、积液，照明不足，液压系统积油，易造成设备损坏及人身伤害。 *4. 交接班内容交代不清楚，火车协调不及时，易造成设备损坏及人身伤害。	管控措施： 1. 启停设备前联络确认各岗位人员处于安全位置，检查设备保护装置有效投用。 2. 上位机双机互为备用，检查各种电气、机械、液压保护和闭锁装置；定期维护装车溜槽及平煤压实装置。 3. 检查防护栏杆、警示牌、照明灯、溜槽、喷洒装置、液压系统等符合要求。 4. 必须面对面交接，查阅交接班记录，核对装运信息，确认签字。
隐患排查及现场安全确认	隐患排查及现场安全确认： 1. 各岗位人员已处于安全位置，可以启车。 2. 装车设备完好，通信畅通。 3. 安全设施有效，警示标识清晰。 4. 交接信息准确、完整。 **所有安全隐患已排查，安全确认完毕！**	

现场示范图例	
示范图一	
示范图二	

9 汽车仓上岗位工岗位示范清单

岗位	汽车仓上岗位工	
岗位职责	我是汽车仓上岗位工，主要负责汽车仓上胶带机、刮板机的巡检工作，认真落实岗位安全生产责任制，发现隐患及时汇报处理，确保当班设备安全稳定运行。	
安全风险及管控措施	安全风险： 　1. 未穿防砸鞋或未正确佩戴安全帽，易造成人身伤害。 　2. 刮板机盖板缺失、松动，易造成设备损坏及人身伤害。 　3. 安全通道堆放材料、备件及杂物，易造成设备损坏及人身伤害。 　4. 巡检不到位，未发现设备缺陷，易造成设备损坏。 　5. 缓冲仓料位存在误差，易造成设备损坏。	管控措施： 　1. 检查防砸鞋和安全帽完好，并正确穿戴。 　2. 盖板齐全、紧固、可靠，检查行人过桥。 　3. 物件归类摆放，及时清理，保持安全通道畅通。 　4. 严格按照巡检路线、项目进行检查，及时准确填写检查记录，发现设备缺陷及时汇报处理。 　5. 校验料位计，开启配仓刮板，分流煤量。
隐患排查及现场安全确认	隐患排查及现场安全确认： 1. 劳动防护用品佩戴规范。 2. 安全设施齐全、有效。 3. 通道畅通。 4. 设备运行正常。 5. 料位计精准。 所有安全隐患已排查，安全确认完毕！	

现场示范图例	
示范图一	
示范图二	

10　汽车装车工岗位示范清单

岗位	汽车装车工	
岗位职责	我是汽车装车工，主要负责汽车运输装车作业，做好设备巡检工作，认真落实岗位安全生产责任制，发现隐患及时汇报处理，确保当班设备安全稳定运行。	
安全风险及管控措施	安全风险： *1.夜间在车流中穿行，易造成人身伤害。 2.装车溜槽伸缩油缸动作失效，控制按钮不灵敏，易造成设备损坏。 3.场地照明不足，雨雪天气场地湿滑，易造成交通事故。 4.用湿布擦拭运行电气设备，设备检查检修未停电，易造成人身伤害。	管控措施： 1.穿戴反光背心，佩戴警示灯，杜绝危险穿行车流。 2.停止相应通道装运，检查溜槽两端防坠绳。 3.场地照明全覆盖，悬挂道路警示标识牌，清理场地卫生、排水沟。 4.核对信息，确认关联设备是否已停电、闭锁，在控制位置悬挂"正在检修　严禁启动"警示标识牌。
隐患排查及现场安全确认	隐患排查及现场安全确认： 1.安全警示用品佩戴齐全。 2.设备运行正常。 3.照明充足，排水通畅。 4.停送电执行到位。 **所有安全隐患已排查，安全确认完毕！**	

现场示范图例	
示范图一	
示范图二	

第三节　选煤机械专业岗位描述示范

1　维修钳工班班长岗位示范清单

岗位	维修钳工班班长	
岗位职责	我是维修钳工班班长，主要负责当班安全检修管理，组织召开班前、班后会，做好设备维修、保养等计划实施和监督工作，认真落实岗位安全生产责任制，做好突发应急处置，确保系统安全稳定运行。	
安全风险及管控措施	安全风险： 1.班前未认真排查当班人员精神状态，未按规程组织本班人员作业，易造成人身伤害。 *2.未按计划组织实施设备维保，未定期校验安全阀、压力表，设备带病或超限运行，易造成设备损坏。 3.作业前未安排对区域环境进行检查，易造成检修滞后及人身伤害。 4.班前未开展安全教育培训，作业前未进行安全技术交底，未参加安全检查及验收，隐患整改不及时，易造成设备损坏及人身伤害。 5.对突发事件未采取有效控制措施，易造成事故扩大。	管控措施： 1.执行选煤厂安全规程，根据作业内容，合理安排，不违章指挥，不违章操作。 2.准确制定维保计划，定期校验仪表、仪器及安全阀，做好设备维保台账。 3.详细制定巡检点检路线、检修作业方案，做好孔洞防护，增设检修作业平台，确保作业区域环境安全。 4.班前组织事故案例学习，强调安全注意事项，科学制定安全技术措施并组织学习，做到隐患排查闭环管理。 5.组织制定现场处置方案，定期组织应急演练。
隐患排查及现场安全确认	隐患排查及现场安全确认： 1.人员安排符合规定。 2.维保计划执行到位。 3.现场环境安全可靠。 4.作业程序有序开展。 **所有安全隐患已排查，安全确认完毕！**	

现场示范图例	
示范图一	
示范图二	

2 维修钳工岗位示范清单

岗位	维修钳工
岗位职责	我是维修钳工，主要负责选煤厂设备的日常检查、检修、维护保养，认真落实岗位安全生产责任制，发现隐患及时汇报处理，确保当班设备安全稳定运行。
安全风险及管控措施	安全风险： 1. 未掌握设备的原理、结构、性能，不能熟练使用工器具，易造成设备损坏及人身伤害。 2. 检修作业时保护设施不齐全，吊装器具不完好，易造成人身伤害。 3. 作业现场有油污、煤尘、杂物，空间狭小通风不良，照明不足，易造成人身伤害。 4. 电气焊作业、高处作业、起重作业时，防护不当，操作不规范，指令不正确，易发生触电、烧伤、坠落、砸伤等人身伤害。 *5. 设备需要检查或检修时，未停机、停电闭锁，造成设备误启动，易引发设备损坏及人身伤害。　　管控措施： 1. 必须经过安全教育及专业技术培训，考试合格，方可上岗。 2. 作业前检查安全销、保护链安全可靠，安全带、吊装带符合规定，起吊钩有防脱扣装置。 3. 作业前清理现场易燃易爆物及杂物，有限空间先通风、再检测，使用安全照明，设置警示标识，监护作业。 4. 作业现场配备消防器材，规范电焊机接线，氧气、乙炔瓶严禁混装混运，摆放距离符合规定；焊接作业佩戴防护面罩并穿绝缘鞋；高处作业必须系挂安全带；起重现场悬挂起重手势图，专人指挥。 5. 必须严格执行选煤厂停、送电管理制度。
隐患排查及现场安全确认	隐患排查及现场安全确认： 1. 安全技术措施已交底，特种作业人员持证上岗。 2. 安全防护装置齐全可靠。 3. 作业现场符合要求。 4. 特种作业符合作业规程。 5. 相关联设备已停电、验电、上锁。 **所有安全隐患已排查，安全确认完毕！**

现场示范图例	
示范图一	
示范图二	

第四节　选煤电气自动化专业岗位描述示范

1　维修电工班班长岗位示范清单

岗位	维修电工班班长	
岗位职责	我是维修电工班班长，主要负责当班安全检修管理，组织召开班前、班后会，做好电气设备维修、保养等计划实施和监督工作，认真落实岗位安全生产责任制，做好突发应急处置，确保系统安全稳定运行。	
安全风险及管控措施	安全风险： 1. 未认真排查上岗人员精神状态，未按规程组织作业，易造成人身伤害。 2. 未按计划组织实施电气设备的绝缘测试、维护保养，未进行供配电线路、防护装置的安全检查，设备失爆，保护失效，通信数据丢失，易造成触电事故及电气设备损坏。 3. 电缆沟、穿线管封堵不严，防鼠板缺失，电离辐射超标，变配电室通道不畅，易造成电气设备损坏及人身伤害。 *4. 未执行"两票"制度，未按规定巡查，隐患整改不及时，易造成设备损坏及人身伤害。 5. 现场应急处置方案不完善，易造成事故扩大。	管控措施： 1. 班前会观察人员状态，根据工作内容合理搭配人员，做好任务分配。 2. 每月开展绝缘测试、失爆检查、保护校验，定期检查"五防"装置、联锁机构，并做好记录；配备大功率不间断电源。 3. 采用防火堵料密实封堵，安装挡鼠板，重点区域设置警示标识，每班检查通道。 4. 高压操作办理工作票、倒闸操作票，一人操作，一人监护，重点工作现场督导，及时制止不安全行为。 5. 现场悬挂避灾路线图，制定现场处置方案并组织学习贯彻，定期组织应急演练。
隐患排查及现场安全确认	隐患排查及现场安全确认： 1. 人员状态良好，组织分工得当。 2. 设备绝缘可靠，保护装置有效。 3. 缆沟干燥整洁，配电通道畅通。 4. 现场作业符合规定。 5. 电气设备运行正常。 **所有安全隐患已排查，安全确认完毕！**	

现场示范图例	
示范图一	
示范图二	

2 维修电工岗位示范清单

岗位	维修电工
岗位职责	我是维修电工，主要负责所有电气设备的日常使用及维护保养，做好停送电的操作，认真落实岗位安全生产责任制，发现隐患及时汇报处理，确保当班设备安全稳定运行。

| 安全风险及管控措施 | 安全风险：
*1.未经专业培训无证上岗，未按要求佩戴安全防护用品，易造成人身触电。
2.配电柜带电显示装置和仪器仪表不健全、不完好，易造成设备损坏及人身伤害。
3.配电室温度和湿度过高，有积尘，应急照明不完好，通道不畅，操作区域无绝缘措施，易造成设备损坏及人身伤害。
*4.停送电前未核对供电线路、开关编号，错停错送，未验电、放电、装设接地线，易造成设备损坏及人身触电。
*5.未设专人联系停送电，约时停送电，送电前未向集控室汇报，易造成设备损坏及人身伤害。 | 管控措施：
1.特种作业人员，考试合格后持证上岗；作业前检查安全防护用品的完好情况，并规范佩戴。
2.及时维护、校验仪器仪表。
3.配电室恒温系统持续运行，定期除尘清理杂物，检查应急照明，铺设绝缘板，作业完及时关闭柜门。
4.操作前向集控室确认线路、设备编号；停电后，使用验电器在三相导体上分别验电、放电、接地可靠方可作业。
5.停送电操作，必须由专人联系，中途不得换人或预约停送电操作；送电前，必须向集控室汇报。 |

| 隐患排查及现场安全确认 | 隐患排查及现场安全确认：
1.持证上岗，安全防护用品佩戴完好齐全。
2.各电气保护装置完好可靠。
3.环境温度符合要求，防护措施到位。
4.停送电线路开关编号核对无误，符合作业要求。
5.停送电操作由专人负责。
所有安全隐患已排查，安全确认完毕！ |

现场示范图例	
示范图一	
示范图二	

3 集控工岗位示范清单

岗位	集控工	
岗位职责	我是集控工,主要负责系统启停、运行监控、工艺参数调整、指令上传下达、数据收集整理,认真落实岗位安全生产责任制,确保当班系统安全稳定运行。	
安全风险及管控措施	安全风险: 1.岗位交接不清、未掌握生产情况、指令传达不及时、数据统计错误、操作不当,精神状态欠佳,易造成设备损坏、质量事故及人身伤害。 2.上位机控制不灵敏,监控画面丢失,通信设备不完好,数据传输异常,易造成设备损坏及人身伤害。 3.环境温度过高,电磁辐射超标,防鼠措施失效,机房积尘,穿着化纤衣服进入集控室,易造成设备故障及人身伤害。 *4.屏蔽电气保护,约时停送电,停送电操作未联系用电岗位,易造成设备损坏及人身伤害。 5.对突发事件瞒报、谎报、迟报,易造成事故扩大。	管控措施: 1.面对面交接班,复述生产情况,核验数据记录,及时填写调度日志。 2.岗前检查对讲机、值班电话畅通,配备完善的通信设备;主机双机热备,互为备用,数据通信有冗余机制,定期升级监控防病毒软件。 3.空调恒温运行,保持正确坐姿,放置粘鼠板,定期除尘,铺设防静电地板,悬挂"非工作人员 禁止入内"警示标识牌。 4.严禁切断各种报警信号和闭锁关系;停送电操作,必须由专人联系,中途不得换人或约时送电操作,送电前联系用电岗位。 5.严格执行汇报流程,配合启动应急程序,积极协调应急处置。
隐患排查及现场安全确认	隐患排查及现场安全确认: 1.设专人负责停送电,指令传达数据统计准确。 2.操作台、各种开关、按钮、通信设备完好。 3.各类电气闭锁保护投用完好。 4.各种保护完好,停送电符合规定。 5.事故预警机制、应急值班值守完备可靠。 **所有安全隐患已排查,安全确认完毕!**	

现场示范图例	
示范图一	
示范图二	

第八章
港口岗位描述示范

第一节　岗位示范清单名录

港口结合企业特点和实际，按照调度、装卸和机械维修等 7 个专业，列出 29 个关键岗位，细化成 36 个作业项目进行示范内容编制，按照表格展示、图解示范的形式，生动形象地展示"一岗三述"的执行。

序号	专业	岗位名称
1	调度专业	调度长
2		中控操作员
3		中控操作员（6kV 电气倒闸操作）
4		火车调度员
5		堆场作业指导员
6		码头作业指导员
7	装卸专业	装卸班班长
8		卸船机司机
9		卸船机巡检工
10		装船机司机
11		装船机巡检工
12		斗轮机司机
13		斗轮机巡检工

（续表）

序号	专业	岗位名称
14	机械维修专业	机修班班长
15		机修工（皮带更换）
16		机修工（落料管衬板更换）
17		机修工（皮带机减速机检修）
18		机修工（卸船机钢丝绳更换）
19		机修工（卸船机臂架及主小车定滑轮更换）
20	电气维修专业	电气维修班班长
21		电气维修工（主变压器检修）
22		电气维修工（变电所高压开关柜电气设备检修）
23		电气维修工（电动机检修）
24	港口流动机械专业	装载机班班长
25		装载机司机
26		车辆检修工
27	火车调度专业	火车装车耙平堵漏工
28		火车装车指挥手
29		火车装载耙平机司机
30		道口管理员
31	协作专业	皮带机巡视员
32		港区卫生保洁员
33		看舱员
34		清舱工
35		解系缆工
36		移场货运车司机

第二节 调度专业岗位描述示范

1 调度长岗位示范清单

岗位	调度长	
岗位职责	我是调度长，主要负责当班生产指挥调度，合理下达当班生产任务，组织协调解决生产作业中突发问题，确保当班安全生产。	
安全风险及管控措施	安全风险： 1. 生产任务分配不合理，错误下达作业指令，可能导致人身伤害或设备损坏。 2. 安排带病设备投入生产，可能导致人身伤害或设备损坏。 *3. 台风、强降雨等极端天气应急处置不当，可能导致人身伤害或设备损坏。 4. 未根据当班生产任务组织识别风险制定措施，未对重点作业和关键环节进行巡查，可能导致人身伤害或设备损坏。	管控措施： 1. 严格执行安全管理规定，核对作业计划，正确下达指令，合理分配生产任务。 2. 掌握输送系统、装卸设备和各附属设备健康状况，合理安排消缺和检修，保证设备安全稳定运行。 3. 密切关注气象信息，及时启动应急预案，调整作业计划，保证安全生产。 4. 组织召开班前会，开展班前风险预判和措施交底，定时或动态对现场作业进行检查指导，确保安全措施落实到位。
隐患排查及现场安全确认	隐患排查及现场安全确认： 1. 作业计划核对无误，工作分配合理，指令准确下达到位。 2. 各设备运行正常。 3. 天气正常，生产有序进行，应急机制有效。 4. 安全交底及现场各项安全措施执行到位。 **所有安全隐患已排查，安全确认完毕！**	

现场示范图例	
示范图一	
示范图二	

2 中控操作员岗位示范清单

岗位	中控操作员	
岗位职责	我是中控操作员，主要负责程控监盘、变电所巡检和倒闸操作，严格遵守安全操作规定，正确下达程控指令，及时响应突发事件处置及汇报，确保安全生产。	
安全风险及管控措施	安全风险： 1.违反作业管理规定和计划，错误下达指令或启动设备，可能导致人身伤害。 *2.电气、程控系统保护、联锁失效，安全工器具损坏，可能导致人身伤害。 *3.雷雨天气进行室外高压电气设备巡检、倒闸操作，可能导致人身触电。 4.设备检修许可工作管理不到位，误启设备和送电，可能导致人身伤害或设备损坏。	管控措施： 1.严格按照作业管理规定，核对生产作业任务，落实指令双确认。 2.定期检查电气、程控操作系统保护装置、安全工器具，确保完好。 3.关注气象信息，根据情况调整室外高压电气设备巡视、倒闸作业时间。 4.严格落实检修工作票许可内容交接，掌握各项安全措施，并记录标记清楚。
隐患排查及现场安全确认	隐患排查及现场安全确认： 1.已核对生产作业任务，作业指令准确无误。 2.电气、程控系统各类保护、安全工器具完好。 3.天气正常。 4.检修工作内容和安全措施已登记，并做好标记。 **所有安全隐患已排查，安全确认完毕！**	

现场示范图例	
示范图一	
示范图二	

3 中控操作员（6kV 电气倒闸操作）岗位示范清单

岗位	中控操作员（6kV 电气倒闸操作）	
岗位职责	我是中控操作员，主要负责程控监盘、变电所巡检和倒闸操作，严格遵守安全操作规定，正确下达程控指令，及时响应突发事件处置及汇报；当班任务是 6kV 电气倒闸操作，严格落实操作票制度，确保倒闸操作安全。	
安全风险及管控措施	安全风险： 1.违反运行规程，无证误操作，可能导致人身触电。 *2.开关柜闭锁、接地保护、安全工器具失效，可能导致人身触电。 3.设备名称、安全警示标识牌缺失，人员走错间隔，可能导致人身触电。 4.培训不到位，无票进行倒闸操作，可能导致人身触电。 *5.雷雨天气进行室外高压电气设备巡检、倒闸操作，可能导致人身触电。	管控措施： 1.操作人员必须持证上岗，严格执行唱票复诵双确认安全要求。 2.定期开展电气"五防"和安全工器具检查，确保完好。 3.检查设备名称、各类安全警示标识牌，确保各类安全警示信息清晰准确。 4.严格落实培训，执行倒闸操作票制度。 5.关注气象信息，根据情况调整高压电气设备巡视、倒闸作业时间。
隐患排查及现场安全确认	隐患排查及现场安全确认： 1.已持证上岗。 2.开关柜"五防"、安全工器具正常。 3.设备双重名称、各类安全警示标识牌等信息清晰准确。 4.按要求已办理倒闸操作票。 5.天气正常。 **所有安全隐患已排查，安全确认完毕！**	

现场示范图例

示范图一	
示范图二	

4 火车调度员岗位示范清单

岗位	火车调度员
岗位职责	我是火车调度员，主要负责火车作业指挥调度，执行火车取送车安全管控，确保火车作业安全。
安全风险及管控措施	安全风险： *1. 未执行道口作业管理要求，可能导致人身伤害。 2. 装车平台、道口防护装置、通信设备等损坏，可能导致火车碰撞事故。 3. 装车平台夜间照明不足，极端天气未停止作业，可能导致人身伤害。 4. 作业环节安排不合理，现场火车装车、取送车和备货等作业交叉混乱，现场杂乱，可能导致人身伤害、车辆伤害。 管控措施： 1. 严格执行电话密报、立岗瞭望、要道还道等作业管理规定。 2. 定期检查火车接近报警、信号灯、密报电话和火车防溜装置，保证正常可靠。 3. 按照规范保证现场照明，一级防台预警或大暴雨期间及时停止生产。 4. 合理规划作业区域，明确清晰的作业流程，安全培训考试合格后上岗，并严格工序管控。
隐患排查及现场安全确认	隐患排查及现场安全确认： 1. 已执行立岗瞭望、要道还道措施。 2. 各项保护装置和通信设备正常。 3. 照明符合作业条件，天气适宜生产。 4. 安全培训考试合格，生产现场秩序井然、衔接顺畅。 **所有安全隐患已排查，安全确认完毕！**

现场示范图例	
示范图一	
示范图二	

5 堆场作业指导员岗位示范清单

岗位	堆场作业指导员	
岗位职责	我是堆场作业指导员，主要负责堆场作业现场指挥调度，严格落实堆场作业动态管控、货物管理和隐患排查治理工作，确保堆场各项作业安全。	
安全风险及管控措施	安全风险： *1.违规进入作业区域或从运行、检修的设备下方通行，可能导致人身伤害。 2.驾驶带病的交通车辆或使用不合格工器具，可能导致人身伤害。 3.雷雨、台风天气进入堆场巡视或靠近料堆，可能导致雷击伤害或人员被物料掩埋。 4.堆场作业安排不合理，形成交叉作业，可能导致人身伤害或设备损坏。	管控措施： 1.规划堆场巡视路线，避开设备作业和检修区域。 2.定期检查车辆安全机构和工器具，确保完好。 3.及时掌握气象信息，雷雨、台风天气通过监控开展巡视，与料堆保持 5m 以上距离。 4.按照生产任务规划作业区域，防止斗轮机堆取料、汽车运输装车和装载机归堆等在相同场地作业。
隐患排查及现场安全确认	隐患排查及现场安全确认： 1.已按照规定路线巡视堆场。 2.车辆和工器具正常可靠。 3.天气正常，现场监控设备正常，人员远离料堆。 4.各作业区域相对独立，并有序衔接。 **所有安全隐患已排查，安全确认完毕！**	

现场示范图例	
示范图一	
示范图二	

6 码头作业指导员岗位示范清单

岗位	码头作业指导员	
岗位职责	我是码头作业指导员，主要负责码头装卸船指挥调度，落实码头区域及船舶靠离泊安全管控和隐患排查治理，确保码头作业安全。	
安全风险及管控措施	安全风险： 　　1. 临边巡视未穿救生衣，从卸船机下方通行，查看舱口站位错误，可能导致坠海淹溺或高空落物伤人。 　　2. 船岸连接跳板不牢固或防护不到位，可能导致人员坠海淹溺。 　　*3. 台风期间进入临边巡视，潮位变化未调整缆绳，可能导致人员坠海淹溺或船舶漂移撞击码头。 　　4. 装卸船调度不到位，作业顺序混乱，形成人机交叉作业，可能导致人身伤害。	管控措施： 　　1. 规划安全巡视路线，正确穿戴合格的救生衣，按安全路线巡视，看舱时应站于观察平台上。 　　2. 登船前检查跳板、安全网和连接部位，确保牢固可靠。 　　3. 作业期间应动态查看缆绳张紧度并及时调整，台风预警时与码头边沿保持安全距离，一级防台时必须撤离码头。 　　4. 安全培训考试合格后上岗，熟练掌握作业流程和标准，有序指挥码头生产，并严格工序管控。
隐患排查及现场安全确认	隐患排查及现场安全确认： 1. 已穿戴合格的救生衣，通过安全通道进行巡视。 2. 跳板、安全网完好，搭设牢靠。 3. 天气正常，缆绳张紧度符合规定。 4. 各作业区域相对独立，并有序衔接。 **所有安全隐患已排查，安全确认完毕！**	

现场示范图例
示范图一

| 示范图二 |

第三节 装卸专业岗位描述示范

1 装卸班班长岗位示范清单

岗位	装卸班班长	
岗位职责	我是装卸班班长，主要负责装卸班班组管理，组织完成生产任务，做好班组作业安全检查指导，认真开展风险管控和隐患排查治理，确保当班安全生产。	
安全风险及管控措施	安全风险： 1. 违章指挥、强令冒险作业，当班人员分配不合理，可能导致人身伤害或设备损坏。 2. 设备设施检查和保养不到位，可能导致人身伤害或设备损坏。 *3. 台风、阵风等极端天气应急处置不当，可能导致人身伤害或设备损坏。 4. 未按规定对当班班组各岗位和作业现场安全措施落实进行检查，可能导致人身伤害或设备损坏。	管控措施： 1. 规范指挥，正确下达指令，合理分配人员。 2. 定期组织开展设备设施检查、保养，确保设备设施正常可靠。 3. 密切关注气象信息，按照预警信息及时落实大机防风等措施。 4. 严格落实管理要求，定时或动态进行巡查，确保安全措施落实到位。
隐患排查及现场安全确认	隐患排查及现场安全确认： 1. 指令正确无误，人员分配合理。 2. 各设备设施检查、保养到位。 3. 天气正常，风速检测仪正常。 4. 当班巡查正常，各项安全措施执行到位。 **所有安全隐患已排查，安全确认完毕！**	

现场示范图例	
示范图一	
示范图二	

2 卸船机司机岗位示范清单

岗位	卸船机司机
岗位职责	我是卸船机司机，主要负责操作卸船机进行卸船作业，落实岗位风险管控和隐患排查，做好突发情况应急处置和汇报，确保卸船机安全稳定运行。
安全风险及管控措施	安全风险： 1. 交叉作业、船舶与卸船机安全距离不足，吊清舱机械出入舱作业无人指挥，可能导致人身伤害或船机碰撞。 2. 操作部件和司机室内控制屏故障，保护失效、安全防护装置缺失，可能导致人身伤害或设备损坏。 *3. 台风、突发阵风进行作业，可能导致设备倾覆和人身伤害。 4. 抓取舱内物料时，分排不当、边角预留过高，形成陡坡，可能导致抓斗被物料掩埋。 5. 未经培训持证上岗，可能导致人身伤害。 6. 检修人员、清理卫生人员未经允许擅自登机，可能导致人身伤害。 管控措施： 1. 严格执行安全作业规定，作业舱内无人员和机械，并确保与船舶保持5m以上安全距离，吊车作业严格落实专人指挥，执行指令复诵制，保证操作准确到位。 2. 开机前对操作手柄、控制按钮和控制屏信号进行检查，定期试验过载、上下超程、防碰撞和联锁等保护装置，保证完好可靠。 3. 根据气象预警，及时调整或停止作业，并落实防台风、防突发阵风措施。 4. 作业前对舱内物料进行观察，合理抓料和甩边，并做好换岗交接。 5. 必须参加特种作业人员资格培训，并取得合格证书。 6. 严格落实卸船机门禁制，其他人员应报备或持工作票上机。
隐患排查及现场安全确认	隐患排查及现场安全确认： 1. 通信工具正常，作业指令清晰，与船舶安全距离符合要求。 2. 操作台各部件完好，各类安全保护、防护装置正常。 3. 防风系缆、锚定、夹轮器和风速报警装置等正常。 4. 舱内物料平整，无陡坡。 5. 已通过培训并持证上岗。 6. 门禁系统完好，上机人员已通过报备或持有效工作票。 **所有安全隐患已排查，安全确认完毕！**

现场示范图例	
示范图一	
示范图二	

3 卸船机巡检工岗位示范清单

岗位	卸船机巡检工
岗位职责	我是卸船机巡检工，主要负责卸船机巡检作业，严格按照标准对各机构进行检查，及时汇报并跟踪缺陷处置情况，确保卸船机安全稳定运行。

| 安全风险及管控措施 | 安全风险：
　　1. 进入卸船机悬臂下方巡检，可能导致落物伤人。
　　2. 卸船机高速运转的机构松动、开裂或损坏等，可能导致设备损坏或人身伤害。
　　3. 限位保护损坏、驱动和传动机构超温、液压系统压力异常，可能导致设备损坏或人身伤害。
　　4. 大风、雷雨天气进行室外或电气房巡检，安全防护装置损坏或缺失，可能导致人身伤害。 | 管控措施：
　　1. 严格按照规定路线巡检，确保与转动设备和开关柜保持1m以上距离。
　　2. 严格按照标准和频次要求，检查起升开闭钢丝绳、小车防脱落装置、起升开闭滑轮、小车联轴器等，确保运行正常。
　　3. 检查大车、小车、减速机和俯仰等限位保护，测量减速机、电机温度和振动值，观察液压系统压力，符合标准和频次要求，保证限位、温度、振动和压力均正常。
　　4. 密切跟踪气象信息，调整巡检时间；定期检查楼梯踏板、平台护栏及转动部位防护罩，保证完好。 |

| 隐患排查及现场安全确认 | 隐患排查及现场安全确认：
1. 巡检路线正确，站位安全。
2. 钢丝绳无断股，防脱装置、联轴器和滑轮等正常。
3. 各限位保护正常，减速机、电机和液压站运行参数符合标准。
4. 天气正常，各类防护装置牢固可靠。
所有安全隐患已排查，安全确认完毕！ |

现场示范图例

示范图一	
示范图二	

4 装船机司机岗位示范清单

岗位	装船机司机
岗位职责	我是装船机司机,主要负责操作装船机进行装船作业,落实岗位风险管控和隐患排查,做好突发情况应急处置和汇报,确保装船机安全稳定运行。
安全风险及管控措施	安全风险: 1. 未按照船舶装载计划指令装船,装船机与船舶安全距离不足,可能导致船舶失衡。 2. 操作部件故障、司机室内控制屏故障、防护装置失效,可能导致人身伤害或设备损坏。 *3. 台风、突发阵风进行作业或高潮位时措施不当,可能导致设备倾覆和人身伤害。 4. 不熟悉作业管理规定,船舶靠离泊期间,装船机未停至泊位中间,悬臂未抬起,可能导致发生船机碰撞。 5. 检修人员、清理卫生人员未经允许擅自登机,可能导致人身伤害。 管控措施: 1. 作业前及时了解装载计划,听从指挥,保证装船机与船舶 1m 以上安全距离。 2. 开机前对操作手柄、控制按钮和控制屏信号进行检查,定期试验大车前后停止、悬臂俯仰最大工作角度和联锁等保护,并检查转动机构防护装置,保证完好可靠。 3. 根据气象预警和潮汐变化,及时调整或停止作业,并落实防台风、防突发阵风措施。 4. 严格落实安全作业规程教育培训,按照工作流程对关键环节进行确认。 5. 严格落实装船机门禁制,其他人员应报备或持工作票上机。
隐患排查及现场安全确认	隐患排查及现场安全确认: 1. 作业指令清晰准确,装船机与船舶安全距离符合要求。 2. 操作台各部件完好,保护、防护装置正常。 3. 防风系缆、锚定、夹轮器和风速报警装置等正常。 4. 已经过培训考试合格,靠离泊期间装船机悬臂收起,并停在泊位中间。 5. 门禁系统完好,上机人员已通过报备或持有效工作票。 **所有安全隐患已排查,安全确认完毕!**

现场示范图例	
示范图一	
示范图二	

5 装船机巡检工岗位示范清单

岗位	装船机巡检工	
岗位职责	我是装船机巡检工，主要负责装船机巡检作业，严格按照标准对各机构进行检查，及时汇报并跟踪缺陷处置情况，确保装船机安全稳定运行。	
安全风险及管控措施	安全风险： 1.装船机运行时进入溜筒平台或转动部位巡检，可能导致高处坠落。 2.转动或伸缩机构松动、开裂或损坏等，悬臂皮带带病运行，可能导致设备损坏或人身伤害。 3.限位保护损坏，驱动和传动机构超温，液压系统压力异常，可能导致设备损坏或人身伤害。 4.大风、雷雨天气进行室外或电气房巡检，安全防护装置损坏或缺失，可能导致人身伤害。	管控措施： 1.严格按照规定路线巡检，确保与转动设备和开关柜保持1m以上距离。 2.检查悬臂伸缩机构、俯仰机构和溜筒机构等，标准和频次符合要求，确保运行正常无缺陷。 3.严格按照标准和频次要求，检查大车、悬臂伸缩和俯仰等限位保护，测量减速机、电机温度和振动值，观察液压系统压力，保证限位、温度、振动和压力均正常。 4.密切跟踪气象信息，调整巡检时间；定期检查楼梯踏板、平台护栏及转动部位防护罩，保证完好。
隐患排查及现场安全确认	隐患排查及现场安全确认： 1.巡检路线正确，站位安全。 2.钢丝绳无断股，悬臂伸缩轨道完好，溜筒、皮带及其他机构正常。 3.各限位保护正常，减速机、电机和液压站运行参数符合标准。 4.天气正常，各类防护装置牢固可靠。 **所有安全隐患已排查，安全确认完毕！**	

现场示范图例

示范图一	
示范图二	

6 斗轮机司机岗位示范清单

岗位	斗轮机司机
岗位职责	我是斗轮机司机，主要负责操作斗轮机进行堆、取料作业，落实岗位风险管控和隐患排查，做好突发情况应急处置和汇报，确保斗轮机安全稳定运行。
安全风险及管控措施	安全风险： 1.斗轮机与堆场内建筑物安全距离不足，悬臂运行期间跨越地面皮带，可能导致设备碰撞、物料掩埋皮带。 2.操作部件和司机室内控制屏故障，保护、转动防护装置失效，可能导致设备倾覆或人身伤害。 *3.台风、突发阵风进行作业，可能导致设备倾覆或人身伤害。 4.运输车辆、流动机械或人员进入堆、取料作业区域内，可能导致人身伤害。 5.检修人员、清理卫生人员未经允许擅自登机，可能导致人身伤害。 管控措施： 1.斗轮机与周围建筑物保持3m以上安全距离；遵守运行规程作业，特殊区域安排专人指挥。 2.开机前对操作手柄、控制按钮和控制屏信号进行检查，定期对大车前后停止、联锁信号和急停等保护进行试验，检查防台风设备设施，保证完好可靠。 3.根据气象预警，及时调整或停止作业，并落实防台风、防突发阵风措施。 4.严格执行安全作业管理要求，禁止交叉作业，保证作业范围内无车辆和人员等。 5.严格落实斗轮机门禁制，其他人员应报备或持工作票上机。
隐患排查及现场安全确认	隐患排查及现场安全确认： 1.斗轮机与周围建筑物安全距离符合要求。 2.各类安全保护、防护装置、控制屏各信号正常。 3.防风系缆、锚定、夹轨器和风速报警装置等正常。 4.作业区域无其他作业干涉。 5.门禁系统完好，上机人员已通过报备或持有效工作票。 **所有安全隐患已排查，安全确认完毕！**

现场示范图例

示范图一	
示范图二	

7 斗轮机巡检工岗位示范清单

岗位	斗轮机巡检工
岗位职责	我是斗轮机巡检工,主要负责斗轮机巡检作业,严格按照标准对各机构进行检查,及时汇报并跟踪缺陷处置情况,确保斗轮机安全稳定运行。
安全风险及管控措施	安全风险: 1. 斗轮机运行时进入悬臂重锤平台、回转下平台或转动部位巡检,可能导致高处坠落或人身伤害。 2. 转动部位松动、开裂或损坏等,可能导致设备损坏或人身伤害。 3. 限位保护损坏,驱动和传动机构超温,液压系统压力异常,可能导致设备损坏或人身伤害。 4. 大风、雷雨天气进行室外或电气房巡检,安全防护装置损坏或缺失,可能导致人身伤害。 管控措施: 1. 严格按照规定路线巡检,确保与转动设备和开关柜保持 1m 以上距离。 2. 检查斗轮机构、俯仰机构和回转机构等符合标准和频次要求,确保运行状态完好。 3. 严格按照标准和频次要求,检查大车、回转和俯仰等限位保护,测量减速机、电机温度和振动值,观察液压系统压力,保证限位、温度、振动和压力均正常。 4. 密切跟踪气象信息,调整巡检时间;定期检查楼梯踏板、平台护栏及转动部位防护罩,保证完好。
隐患排查及现场安全确认	隐患排查及现场安全确认: 1. 巡检路线正确,站位安全。 2. 斗轮和斗齿、俯仰液压杠、回转等正常。 3. 各限位保护正常,减速机、电机和液压站运行参数符合标准。 4. 天气正常,各类防护装置牢固可靠。 **所有安全隐患已排查,安全确认完毕!**

现场示范图例	
示范图一	
示范图二	

第四节 机械维修专业岗位描述示范

1 机修班班长岗位示范清单

岗位	机修班班长	
岗位职责	我是机修班班长，主要负责机修班班组管理，合理安排检修任务，根据任务辨识风险制定措施，落实安全动态管控，确保当班安全生产。	
安全风险及管控措施	安全风险： *1.违章指挥、强令冒险作业，当班人员分配不合理，可能导致设备损坏或人身伤害。 2.工器具、安全防护用具维护保养不到位，可能导致人身伤害。 3.在高温天气、有限空间、高空环境检修，风险辨识不全或未制定落实安全措施，可能导致人身伤害。 4.未执行工作许可制度，未落实技术方案相关安全措施，人员未经安全交底，特种作业人员未持证上岗，可能导致人身伤害。	管控措施： 1.规范指挥，正确下达指令，合理分配人员。 2.定期检查工器具、安全防护用具，确保正常。 3.组织作业项目动态风险辨识，制定有效管控措施，做好执行监护。 4.作业前办理工作票、动火票，检查安全措施的执行到位情况，必须对作业人员进行培训和交底，特种作业人员持证上岗。
隐患排查及现场安全确认	隐患排查及现场安全确认： 1.指令下达正确无误，人员分配合理，特种作业人员持证上岗。 2.各工器具、安全防护用具正常。 3.特殊气候和环境风险辨识到位。 4.持票作业，安全措施执行到位，作业人员掌握风险点和管控措施。 **所有安全隐患已排查，安全确认完毕！**	

现场示范图例	
示范图一	
示范图二	

2 机修工（皮带更换）岗位示范清单

岗位	机修工（皮带更换）	
岗位职责	我是机修工，主要负责机械设备的日常巡检、维护以及故障处理等工作；当班任务是皮带机皮带更换，严格执行各项安全措施，确保皮带更换检修作业安全。	
安全风险及管控措施	安全风险： 1.特种作业无证上岗，违规开展动火、起重、临时用电等作业，可能导致人身伤害。 2.起重器具、硫化器具、动火器具、电动工器具等安全防护装置缺失或失效，可能导致人身伤害。 3.检修现场各设备材料、工器具、电源线等布置混乱，与运行设备未做隔离，可能导致人身伤害。 4.硫化作业时，误碰加热板，可能导致人员烫伤。 *5.未办理检修工作票，安全措施及安全交底不到位，现场无监护，可能导致人身伤害。	管控措施： 1.遵守相关安全作业管理规定，特种作业持证上岗，特殊作业办理工作许可审批手续，并做好各项安全措施。 2.使用前对吊装机具、牵引装置和硫化机、配电箱等进行检查及试验，确保安全可靠。 3.检修现场规范布置，作业区域做好硬质隔离，设置安全警示标识。 4.硫化过程中，应规范操作，保持安全距离。 5.严格执行工作票制度，落实工作班成员安全交底，断开上下游皮带机电动机、制动器和振打器等电源，并悬挂"禁止合闸 有人工作"安全警示标识牌，进行确认。
隐患排查及现场安全确认	隐患排查及现场安全确认： 1.特种作业人员持证上岗，持特殊作业票作业。 2.吊装机具、牵引装置和硫化机、配电箱安全防护装置完好。 3.检修作业区域布置规范，各类隔离防护和安全警示标识牌齐全。 4.硫化机作业时，安全距离符合要求。 5.安全交底及现场旁站监护到位。 **所有安全隐患已排查，安全确认完毕！**	

现场示范图例	
示范图一	
示范图二	

3 机修工（落料管衬板更换）岗位示范清单

岗位	机修工（落料管衬板更换）	
岗位职责	我是机修工，主要负责机械设备的日常巡检、维护以及故障处理等工作；当班任务是皮带机落料管衬板更换，严格执行各项安全措施，确保衬板更换检修作业安全。	
安全风险及管控措施	安全风险： 1. 身体不适、精神状态不佳，可能导致人身伤害。 2. 上层皮带机进行保洁卫生清料作业，可能导致人身伤害。 3. 电焊和气割等工器具防护装置缺失、损坏，可能导致人身伤害。 *4. 有限空间未做好气体检测，可能导致人员中毒窒息。 5. 未履行特殊作业审批手续，安全保障措施不全，交底培训不到位，可能导致人身伤害。 6. 未办理检修工作票，安全措施及安全交底不到位，现场无监护，可能导致人身伤害。	管控措施： 1. 工作负责人召开工前会，检查作业人员精神状态是否良好。 2. 关闭上层皮带机观察口并上锁，设置安全警示标识。 3. 作业前必须对各种工器具进行检查，保证安全可靠。 4. 严格按照有限空间作业规定，落实有毒有害气体检测措施。 5. 办理有限空间作业审批手续，设专人监护。 6. 严格执行工作票制度，落实工作班成员安全交底，断开皮带机电动机、制动器、三通挡板电液推杆等电源，并挂"禁止合闸 有人工作"安全警示标识牌，并进行确认。
隐患排查及现场安全确认	隐患排查及现场安全确认： 1. 精神状态良好，符合上岗条件。 2. 观察口已关闭上锁，安全警示标识清晰。 3. 电焊和气割等工器具防护装置完好齐全。 4. 有限空间空气质量合格。 5. 已办理有限空间作业票。 6. 安全交底及现场旁站监护到位。 **所有安全隐患已排查，安全确认完毕！**	

现场示范图例	
示范图一	
示范图二	

4 机修工（皮带机减速机检修）岗位示范清单

岗位	机修工（皮带机减速机检修）	
岗位职责	我是机修工，主要负责机械设备的日常巡检、维护以及故障处理等工作；当班任务是皮带机减速机检修，严格执行各项安全措施，确保减速机检修作业安全。	
安全风险及管控措施	安全风险： 1.违反检修规程，未对设备零部件进行标记，回装错误，可能导致设备损坏。 2.各起重器具安全防护装置缺失、损坏，可能导致人身伤害。 3.检修现场各设备材料、工器具混乱，油脂落地，无安全警示标识，可能导致人身伤害。 4.轴承加热安装作业未做好防护，可能导致人员烫伤。 *5.未按制度要求做好设备检修质量三级验收，可能导致设备损坏。 6.未办理检修工作票，安全措施及安全交底不到位，可能导致人身伤害。	管控措施： 1.作业前、作业中对各设备零部件进行标记，确保回装正确。 2.作业前必须对电动葫芦、手拉葫芦等设备的安全防护装置和索具进行检查，确保安全可靠。 3.检修现场规范布置，油脂统一收集，设置安全警示标识。 4.安装人员戴专用耐高温防护手套，使用前做好检查。 5.严格落实班组、部门、公司设备检修质量三级验收，确保检修质量符合标准。 6.严格执行工作票制度，落实工作班成员安全交底，断开皮带机电动机、制动器和轴流风机等电源，挂"禁止合闸 有人工作"安全警示标识牌，并进行确认。
隐患排查及现场安全确认	隐患排查及现场安全确认： 1.现场设备及零部件已做好标识记号。 2.电动葫芦、手拉葫芦等保护装置和索具完好。 3.检修作业区域布置规范，各类隔离防护和安全警示标识牌齐全。 4.耐高温防护手套合格可用。 5.三级质量验收合格。 6.安全交底及现场旁站监护到位。 **所有安全隐患已排查，安全确认完毕！**	

现场示范图例

示范图一	
示范图二	

5 机修工（卸船机钢丝绳更换）岗位示范清单

岗位	机修工（卸船机钢丝绳更换）	
岗位职责	我是机修工，主要负责机械设备的日常巡检、维护以及故障处理等工作；当班任务是卸船机钢丝绳更换，严格执行各项安全措施，确保钢丝绳更换检修作业安全。	
安全风险及管控措施	安全风险： 1. 特种作业无证上岗，高处作业未系安全带，违规进入设备转动区域，可能导致人身伤害。 2. 牵引装置安全防护装置缺失、损坏，可能导致人身伤害。 3. 检修现场器具、机械等堆放杂乱，可能导致人身伤害。 4. 通信不畅，指令接收错误，可能导致人身伤害或设备损坏。 *5. 未明确人员分工，工序混乱，上下层交叉作业，安全保障措施不到位，可能导致人身伤害。 6. 未办理检修工作票，安全措施及安全交底不到位，现场无监护，可能导致人身伤害。	管控措施： 1. 遵守特种作业管理规定，特种作业持证上岗，安全带佩戴到位，设备转动区域防护到位。 2. 使用前检查机器房四卷筒安全装置，确保安全可靠。 3. 检修现场规范布置，区域隔离，并设警示标识。 4. 通过对讲机指令复述确认操作模式，确保指令接收正常。 5. 制定检修方案，明确工序流程，合理分工，落实班前安全交底，设置专职监护。 6. 严格执行工作票制度，落实工作班成员安全交底，断开卸船机大车行走制动器电源，挂"禁止合闸 有人工作"安全警示标识牌，并进行确认。
隐患排查及现场安全确认	隐患排查及现场安全确认： 1. 特种作业均持证上岗，人员、设备转动区域防护到位。 2. 机器房四卷筒高、低速制动器完好。 3. 防风措施、区域隔离和安全警示措施到位。 4. 对讲机通信正常，现场已切换就地模式。 5. 方案符合技术规范，分工明确、流程清晰。 6. 安全交底及现场旁站监护到位。 **所有安全隐患已排查，安全确认完毕！**	

现场示范图例	
示范图一	
示范图二	

6 机修工（卸船机臂架及主小车定滑轮更换）岗位示范清单

岗位	机修工（卸船机臂架及主小车定滑轮更换）	
岗位职责	我是机修工，主要负责机械设备的日常巡检、维护以及故障处理等工作；当班任务是卸船机臂架及主小车定滑轮更换，严格执行各项安全措施，确保卸船机臂架及主小车定滑轮更换检修作业安全。	
安全风险及管控措施	安全风险： *1.起吊设备人员站位不当，起吊点不牢固，可能导致人身伤害或设备损坏。 2.电动葫芦、手拉葫芦等保护装置缺失、损坏，索具断丝断股，氧气乙炔等器具不正常，可能导致人身伤害。 3.检修现场器具、机械杂乱，油脂落地，无安全警示标识，可能导致人身伤害。 4.未参加起重作业培训，可能导致人身伤害。 5.未办理检修工作票，安全措施及安全交底不到位，现场无监护，可能导致人身伤害。	管控措施： 1.起吊设备严禁人员站在吊物下方周围区域，检查各吊点确保牢固可靠。 2.作业前必须检查起吊机械、起重索具、氧气乙炔等器具，确保安全可靠。 3.检修现场规范布置，油脂统一收集，作业区域做好隔离，设置安全警示标识。 4.按要求参加培训，落实起重作业方案。 5.严格执行工作票制度，落实工作班成员安全交底，断开卸船机整机动力电源，挂"禁止合闸 有人工作"安全警示标识牌，并进行确认。
隐患排查及现场安全确认	隐患排查及现场安全确认： 1.起吊设备时吊物下方区域无人，各吊点牢固可靠。 2.起吊机械、起重索具、氧气乙炔等器具完好。 3.作业区域布置规范，隔离围栏牢固，安全警示标识清晰、明确。 4.作业人员均按要求参加培训，并考试合格。 5.安全交底及现场旁站监护到位。 **所有安全隐患已排查，安全确认完毕！**	

现场示范图例

示范图一	
示范图二	

第五节 电气维修专业岗位描述示范

1 电气维修班班长岗位示范清单

岗位	电气维修班班长
岗位职责	我是电气维修班班长，主要负责电气维修班组安全管理，合理安排检修任务，根据任务辨识风险制定措施，落实安全动态管控，确保当班安全生产。
安全风险及管控措施	安全风险： *1.违章指挥、强令冒险作业，当班人员分配不合理，可能导致人身伤害或设备损坏。 2.工器具、安全防护用具或设备设施安全防护装置缺失，可能导致设备损坏或人身伤害。 3.在高温天气、有限空间、高空环境检修，风险辨识不全或未制定落实安全措施，可能导致人身伤害。 4.未执行工作票和检修方案审批，无现场监护，或特种作业未持证上岗，可能导致人身伤害。 管控措施： 1.规范指挥，正确下达指令，合理分配人员。 2.定期检查工器具、安全防护用具、设备设施防护装置，确保正常。 3.组织作业项目动态风险辨识，制定有效管控措施，做好执行监护。 4.严格执行工作票和检修方案审批制，特种作业人员持证上岗，作业现场确定监护人，落实旁站监护。
隐患排查及现场安全确认	隐患排查及现场安全确认： 1.指令下达正确无误，人员分配合理。 2.各工器具、安全防护用具、设备设施安全防护装置正常。 3.风险辨识和管控措施执行到位。 4.作业项目审批手续完整，安全技术交底和旁站监护到位，特种作业人员持证上岗。 **所有安全隐患已排查，安全确认完毕！**

现场示范图例

示范图一	
示范图二	

2 电气维修工（主变压器检修）岗位示范清单

岗位	电气维修工（主变压器检修）	
岗位职责	我是电气维修工，主要负责电气设备的日常巡检、维护以及故障处理等工作；当班任务是主变压器检修，严格执行各项安全措施，确保主变压器检修作业安全。	
安全风险及管控措施	安全风险： *1.检修前未执行安全措施，可能导致人身触电或其他人身伤害。 2.未正确使用合格的安全防护用具，可能导致人身触电。 3.现场未做好隔离，误入带电间隔，可能导致人身触电。 4.高处作业未做好防坠落措施，可能导致人员受伤。 5.未履行工作审批手续，或现场图纸未及时修订，可能导致人身伤害或设备损坏。	管控措施： 1.作业前落实设备停电、验电、放电、悬挂接地线，确保设备无电压。 2.选用符合电压等级的绝缘手套、验电器和接地线等，使用前进行检查和试验。 3.作业区域使用硬质围栏隔离，悬挂安全警示标识牌。 4.高处作业人员系好安全带，并高挂低用。 5.严格执行工作票制度，办理"电气一种票"，定期做好图纸更新工作，落实人员安全技术培训和交底，并设专人监护。
隐患排查及现场安全确认	隐患排查及现场安全确认： 1.安全措施执行到位，现场确认设备无电压。 2.电气绝缘防护用品完好，在检测有效期内。 3.作业区域完成隔离，安全警示标识清晰。 4.安全带完好，各挂点牢固可靠。 5.图纸与现场实际相符，持票作业。 **所有安全隐患已排查，安全确认完毕！**	

现场示范图例	
示范图一	
示范图二	

3 电气维修工（变电所高压开关柜电气设备检修）岗位示范清单

岗位	电气维修工（变电所高压开关柜电气设备检修）	
岗位职责	我是电气维修工，主要负责电气设备的日常巡检、维护以及故障处理等工作；当班任务是变电所高压开关柜电气设备检修，严格执行各项安全措施，确保变电所高压开关柜电气设备检修作业安全。	
安全风险及管控措施	安全风险： 1. 现场未做好隔离，误分合断路器，可能导致人身触电。 *2. 未核对设备编号，误入带电间隔，可能导致人身触电。 3. 工作任务不清楚、不熟悉，可能导致人身伤害。 4. 未办理检修工作票，安全措施及安全交底不到位，现场无监护，可能导致人身伤害。	管控措施： 1. 断路器操作把手上悬挂安全警示标识牌，防止人员误操作。 2. 核对设备编号；作业区域使用硬质围栏隔离，悬挂安全警示标识牌。 3. 作业前必须明确作业范围、作业程序、危险源、防范措施，确保安全检修。 4. 严格执行工作票制度，落实工作班成员安全交底，断开高压开关柜电源及高压开关柜控制电源，挂"禁止合闸 有人工作"安全警示标识牌，并进行确认。
隐患排查及现场安全确认	隐患排查及现场安全确认： 1. 断路器断开，挂安全警示标识牌。 2. 作业区域完成隔离，安全警示标识清晰。 3. 作业任务明确。 4. 安全交底及现场旁站监护到位。 **所有安全隐患已排查，安全确认完毕！**	

现场示范图例	
示范图一	
示范图二	

4 电气维修工（电动机检修）岗位示范清单

岗位	电气维修工（电动机检修）	
岗位职责	我是电气维修工，主要负责电气设备的日常巡检、维护以及故障处理等工作；当班任务是皮带机电动机检修，严格执行各项安全措施，确保电动机检修作业安全。	
安全风险及管控措施	安全风险： *1.违反检修规程带电作业，特种作业无证上岗，可能导致人身触电、灼伤、机械伤害。 2.拆接线时未核对线号，电动机停运后未降温拆装轴承，可能导致设备损坏、人员烫伤。 3.检修现场器具杂乱，无安全警示标识，可能导致人身伤害。 4.未办理检修工作票，安全措施及安全交底不到位，可能导致人身伤害。	管控措施： 1.遵守相关安全作业管理规定，特种作业持证上岗，特殊作业办理工作许可审批手续，并做好各项安全措施。 2.拆线时做好记号，接线时双人核对确认，轴承拆装敷设防火毯，戴防护手套。 3.检修现场规范布置，作业区域进行隔离，设置安全警示标识。 4.严格执行工作票制度，落实工作班成员安全交底，断开电动机、加热器等电源，挂"禁止合闸 有人工作"安全警示标识牌，并进行确认。
隐患排查及现场安全确认	隐患排查及现场安全确认： 1.特种作业人员持证上岗、持票作业。 2.电线标记清楚、核对无误，防火毯铺设到位，防护手套完好。 3.现场布置规范，作业区域隔离围栏牢固可靠，安全警示标识清晰。 4.安全交底及现场旁站监护到位。 **所有安全隐患已排查，安全确认完毕！**	

现场示范图例	
示范图一	
示范图二	

第六节　港口流动机械专业岗位描述示范

1　装载机班班长岗位示范清单

岗位	装载机班班长	
岗位职责	我是装载机班班长，主要负责港口流动机械班组管理，合理安排任务，根据任务辨识风险制定措施，落实安全动态管控，确保当班安全生产。	
安全风险及管控措施	安全风险： 　1.违章指挥、强令冒险作业，当班人员安排不合理，可能导致人身伤害。 　2.当班车辆带病运行、工器具损坏，可能导致人身伤害。 　3.未对当班作业风险进行辨识，未制定措施并交底，可能导致人身伤害。 　4.未组织开展安全操作规程培训，人员违章作业，可能导致人身伤害。	管控措施： 　1.规范指挥，正确下达指令，合理安排工作。 　2.定期检查维护车辆转向、刹车、液压等系统和工器具，确保正常。 　3.组织召开班前会，根据生产任务制定安全措施，并进行安全交底和现场执行检查。 　4.按要求组织安全操作规程培训和考试，确保作业人员熟悉掌握相关要求。
隐患排查及现场安全确认	隐患排查及现场安全确认： 1.指令正确无误，工作分配合理。 2.车辆各系统、工器具完好。 3.作业安全措施已落实。 4.安全操作规程培训到位。 **所有安全隐患已排查，安全确认完毕！**	

现场示范图例	
示范图一	
示范图二	

2 装载机司机岗位示范清单

岗位	装载机司机	
岗位职责	我是装载机司机，主要负责操作装载机进行提货装车、归堆等工作，落实装载机的日常检查保养和隐患排查，确保车辆安全稳定运行。	
安全风险及管控措施	安全风险： 1. 违反规程，超速、超载驾驶，或无关人员和车辆进入作业区域，可能导致人身伤害。 2. 车辆机构损坏、安全附件失效，可能导致人身伤害。 *3. 挖掘陡坡物料，可能导致料堆滑料掩埋车辆。 4. 未经培训上岗，不熟悉岗位安全操作要求，可能导致人身伤害。	管控措施： 1. 遵守安全操作规程，规范驾驶，作业区域做好警戒，防范无关人员和车辆进入作业区域。 2. 作业前必须检查各机构和安全附件，确保完好正常。 3. 作业期间及时消除陡坡，雨天禁止挖掘陡坡物料，保持 5m 以上距离。 4. 安全培训考试合格后方可上岗。
隐患排查及现场安全确认	隐患排查及现场安全确认： 1. 作业区域内无无关人员和车辆。 2. 车辆各机构、安全附件正常。 3. 作业料堆无陡坡，安全距离符合要求。 4. 熟练掌握安全操作规程，培训考试合格。 **所有安全隐患已排查，安全确认完毕！**	

现场示范图例	
示范图一	
示范图二	

3 车辆检修工岗位示范清单

岗位	车辆检修工	
岗位职责	我是车辆检修工，主要负责车辆维修工作，熟练掌握车辆的结构、性能、参数、工作原理和技术特征，落实车辆检修安全措施，确保车辆检修作业安全。	
安全风险及管控措施	安全风险： *1.违反检修规程，检修前车辆未卸压、降温，未做好防倾倒、防转动等措施，可能导致人身伤害。 2.吊装、顶升等工器具损坏，支撑架不符合要求，可能导致人身伤害。 3.检修区域管线凌乱，区域隔离不到位，安全警示标识不全，可能导致人身伤害。 4.未经培训上岗，不熟悉检修规程，安全措施落实不到位，可能导致人身伤害。	管控措施： 1.严格执行检修规程，落实卸压、降温、支撑防倾倒等措施后进行检修。 2.作业前检查吊装、顶升等工器具和支撑架，确保完好。 3.检修区域管线规范布置，区域警戒隔离，并悬挂安全警示标识牌。 4.安全培训考试合格后方可上岗，确保熟悉掌握检修规程内容，并正确执行。
隐患排查及现场安全确认	隐患排查及现场安全确认： 1.各项安全措施执行到位。 2.吊装、顶升等工器具和支撑架完好。 3.作业区域管线布置规范，各类安全警示标识齐全。 4.熟悉掌握检修规程，培训考试合格。 **所有安全隐患已排查，安全确认完毕！**	

	现场示范图例
示范图一	
示范图二	

第七节 火车调度专业岗位描述示范

1 火车装车耙平堵漏工岗位示范清单

岗位	火车装车耙平堵漏工	
岗位职责	我是火车装车耙平堵漏工，主要负责火车装车车厢耙平和堵漏工作，严格落实耙平和堵漏标准，确保火车耙平安全和车厢堵漏合格。	
安全风险及管控措施	安全风险： *1. 坐、卧火车轨道，坐车帮等，进入作业车辆盲区，可能导致人身伤害。 2. 火车爬梯、厢门等损坏，可能导致人员坠落或砸伤。 3. 大雨、高温季节时期露天作业，可能导致人员跌落受伤、中暑。 4. 培训不到位，堵漏质量未复检，可能导致车厢漏料发生铁路事故。	管控措施： 1. 遵守作业管理规定，人员与火车轨道和车辆保持 2m 以上安全距离。 2. 作业前检查车厢爬梯、边门等部位，确保牢固。 3. 错时作业，穿防滑鞋，并做好防中暑措施。 4. 安全培训考试合格后方可上岗，并落实车厢堵漏验收制度。
隐患排查及现场安全确认	隐患排查及现场安全确认： 1. 作业安全距离符合要求。 2. 车厢外部各部件完好、牢固可靠。 3. 现场气温适宜，并配备防暑药品。 4. 安全培训考试合格，堵漏质量验收合格。 **所有安全隐患已排查，安全确认完毕！**	

现场示范图例	
示范图一	
示范图二	

2 火车装车指挥手岗位示范清单

岗位	火车装车指挥手	
岗位职责	我是火车装车指挥手，主要负责指挥装载机装火车作业，遵守作业规定，站位安全，正确指挥，确保装车安全和装车质量。	
安全风险及管控措施	安全风险： *1.坐、卧火车轨道，坐车帮等，进入作业车辆盲区，可能导致人身伤害。 2.车厢爬梯损坏，可能导致人员坠落或砸伤。 3.高温天气露天作业，可能导致人员中暑。 4.人员未经培训，指令错误，可能导致人身伤害。	管控措施： 1.遵守作业管理规定，人员与火车轨道和车辆保持2m以上安全距离。 2.作业前应检查爬梯，确保完好、牢固可靠。 3.高温天气错时作业，并做好防中暑措施。 4.安全培训考试合格后方可上岗。
隐患排查及现场安全确认	隐患排查及现场安全确认： 1.作业安全距离符合要求。 2.车厢爬梯完好。 3.现场气温适宜，并配备防暑药品。 4.安全培训考试合格。 **所有安全隐患已排查，安全确认完毕！**	

现场示范图例	
示范图一	
示范图二	

3 火车装载耙平机司机岗位示范清单

岗位	火车装载耙平机司机	
岗位职责	我是火车装载耙平机司机，主要负责车厢耙平作业，按规章操作，时刻关注配合人员站位，确保耙平作业安全。	
安全风险及管控措施	安全风险： *1.酒后、疲劳驾驶或高抬臂行驶等，可能导致人身伤害。 2.驾驶带病车辆作业，可能导致人身伤害。 3.夜间照明不足，可能导致人身伤害。 4.未经安全培训，火车装车耙平堵漏工进入耙平机作业区域，可能导致人身伤害。	管控措施： 1.班前严禁饮酒，保证睡眠，按照作业管理规定作业。 2.严格落实车辆维护保养，作业前必须检查转动、刹车等机构，确保正常。 3.定期检查作业区域照明，保证光线充足，人员、车辆处于可视范围。 4.安全培训合格后方可上岗，人员与推耙机保持3m以上安全距离。
隐患排查及现场安全确认	隐患排查及现场安全确认： 1.精神状态良好。 2.车辆各安全机构正常。 3.现场照明充足，人员、车辆位置可见。 4.安全培训考试合格，作业距离符合要求。 **所有安全隐患已排查，安全确认完毕！**	

现场示范图例	
示范图一	
示范图二	

4 道口管理员岗位示范清单

岗位	道口管理员	
岗位职责	我是道口管理员，主要负责道口日常管理，严格落实火车取送车作业时道口隔离、立岗瞭望等工作，按规定检查区域内设备设施，及时处置和汇报突发事件，确保火车进出港安全。	
安全风险及管控措施	安全风险： 　　1.违反作业管理规定，无证上岗，未立岗瞭望，可能导致人身伤害。 　　2.列车接近报警器、栅栏、信号灯、通信工具等发生故障，可能导致人身伤害。 　　3.夜间照明不足，安全警示标识缺失，车辆、人员抢道，可能导致人身伤害。 　　*4.作业计划不准确，道口与车站未建立联报机制，可能导致道口栅栏未及时关闭，发生人身伤害。	管控措施： 　　1.培训考试合格，持证上岗，火车取送车时站于轨道外侧3m外瞭望。 　　2.定期检查各类保护、工器具等，保证完好。 　　3.定期检查现场照明、安全警示标识，确保照明充足、标识清晰。 　　4.作业前车站下达作业计划单，严格执行密码报送和要道还道再确认工作要求。
隐患排查及现场安全确认	隐患排查及现场安全确认： 1.已持证上岗。 2.安全保护、防护装置和通信工具完好。 3.照明充足，安全警示标识完好、清晰。 4.取送车计划清晰，取送车密码和要道还道已确认。 **所有安全隐患已排查，安全确认完毕！**	

现场示范图例	
示范图一	
示范图二	

第八节 协作专业岗位描述示范

1 皮带机巡视员岗位示范清单

岗位	皮带机巡视员
岗位职责	我是皮带机巡视员，主要负责皮带机巡检，严格遵守作业规定，按要求进行隐患排查并如实汇报，确保皮带机安全稳定运行。

| 安全风险及管控措施 | 安全风险：
*1. 翻越、下穿皮带机和触碰设备转动部位，可能导致人身伤害。
2. 皮带机运转的机构松动、开裂或损坏等，可能导致设备损坏。
3. 皮带机保护装置失效，转动部位和转运站孔洞无防护，可能导致设备损坏或人身伤害。
4. 转运站、廊道照明不足，煤粉积聚，安全警示标识缺失，可能导致人身伤害。
5. 检修人员、保洁人员等私自开展皮带机维修或清理卫生，未执行安全措施和监护，可能导致人身伤害。 | 管控措施：
1. 巡视走专用通行桥，与运行设备保持安全距离。
2. 严格按照标准和频次要求，检查驱动装置、传动装置、减速装置和附属设施，确保稳定运行。
3. 定期和运行前，检查皮带机拉绳、跑偏、堵煤等保护装置；动态检查设备防护罩和现场护栏、盖板等，确保完好。
4. 定期清理和冲洗积煤、积粉，消除照明缺陷，完善安全警示标识。
5. 落实区域动态巡查，及时与中控核实检修、保洁工作安排，保证现场安全措施到位，并进行监护。 |

| 隐患排查及现场安全确认 | 隐患排查及现场安全确认：
1. 现场指引标识清晰，作业站位符合安全要求。
2. 各类安全防护装置齐全。
3. 各机构无松动、漏油等现象，振动、温度和油位符合标准。
4. 现场干净整洁、照明充足，安全警示标识清晰。
5. 现场各项作业核对无误、措施到位。
所有安全隐患已排查，安全确认完毕！ |

现场示范图例	
示范图一	
示范图二	

2 港区卫生保洁员岗位示范清单

岗位	港区卫生保洁员	
岗位职责	我是港区卫生保洁员，主要负责港区道路、设备设施卫生保洁工作，严格落实各项安全措施，确保作业安全。	
安全风险及管控措施	安全风险： *1. 翻越、下穿皮带机和清理运行中的设备，可能导致人身伤害。 2. 交通车辆刹车、转向和灯光不正常，进入生产作业区域，可能导致人身伤害。 *3. 雨天、夜间清理堆场和道路卫生时，进入生产作业区域内，可能导致人身伤害。 4. 清理运行中的皮带机、大机，可能导致人身伤害。	管控措施： 1. 通行走专用桥，与转动部位保持 1m 以上距离，设备停止运行后方可清理。 2. 定期对交通车辆进行维护保养，使用前必须进行检查，确保车辆正常。 3. 卫生清理区域必须进行隔离，穿反光衣，并与堆场设备、车辆作业区域保持安全距离。 4. 严格执行工作制度，清理设备应停运、断电。
隐患排查及现场安全确认	隐患排查及现场安全确认： 1. 通道指引标识清晰，作业距离符合安全要求。 2. 交通车辆工具完好。 3. 区域已有效隔离，夜间工作服装、车辆等反光明显。 4. 安全措施已落实。 **所有安全隐患已排查，安全确认完毕！**	

	现场示范图例
示范图一	
示范图二	

3 看舱员岗位示范清单

岗位	看舱员	
岗位职责	我是看舱员，主要负责按照船舶配载图要求指挥装船机装货，严格按照作业规定正确指挥，保证船、机保持安全距离和船体平衡，确保装船作业安全。	
安全风险及管控措施	安全风险： *1. 站在装船机悬臂、溜筒下方指挥，可能导致设备损坏或人身伤害。 2. 船舶跳板损坏或防护网破损，可能导致坠海溺水。 3. 未关注风浪情况，上下船时船舶晃动，可能导致坠海溺水。 4. 无配载图，装货不均匀，可能导致船舶中拱、尾倾甚至船舶倾覆。 5. 装大吨位船舶涨潮时，装船机悬臂与船舶舱盖板、船舱安全距离不足，可能导致装船机倾覆。	管控措施： 1. 站在安全位置指挥装船，装船机各机构保持安全距离。 2. 上下船前必须检查船舶跳板、防护网，保证牢固可靠。 3. 要求船舶及时调整缆绳，绑牢跳板，保证船舶稳定。 4. 要求船方提供配载图，并核实确认装货舱位、货量，保证船体平衡。 5. 掌握潮汐变化，动态关注装船机悬臂与船舶距离，小于1m时停止作业，指挥装船机出舱。
隐患排查及现场安全确认	隐患排查及现场安全确认： 1. 处于船舶海侧甲板安全区域内指挥。 2. 跳板牢靠，安全网搭设牢固。 3. 船舶缆绳已绞紧，船体无较大晃动。 4. 船配载装货正常，船体保持平衡。 5. 作业安全距离符合要求，潮位正常。 **所有安全隐患已排查，安全确认完毕！**	

现场示范图例	
示范图一	
示范图二	

4 清舱工岗位示范清单

岗位	清舱工
岗位职责	我是清舱工，主要负责船舶清舱，严格执行作业规定，做好安全防护措施，确保船舶清舱作业安全。
安全风险及管控措施	**安全风险：** 1. 未佩戴安全防护用具，可能导致人身伤害。 *2. 煤炭船舶未进行通风，舱内有毒有害气体超标，可能导致人员中毒窒息。 *3. 清理舱盖板前卸船机抓料、推耙机或人员未停止舱内清料归堆等作业，盖板安全防护不到位，可能导致机械伤害或人员高处坠落。 *4. 清理船舱顺序或站位错误，交叉作业，可能导致落料掩埋人员或人身伤害。 **管控措施：** 1. 正确佩戴合格的安全带、防坠器等。 2. 入舱前应先通风，待空气质量检测合格和活体实验正常后，方可进入舱内作业。 3. 清理舱盖板时停止对应舱内所有作业及卸船机抓料作业；盖板必须装设安全网，人员佩戴安全带并挂牢。 4. 严格落实清舱作业流程和安全管理培训，按照从上往下、从外向内顺序清理舱壁；与设备（车辆）保持 5m 以上距离。
隐患排查及现场安全确认	隐患排查及现场安全确认： 1. 安全防护用具佩戴齐全。 2. 舱内空气质量合格。 3. 卸船机、舱内设备和人员已停止作业，安全网搭设牢固。 4. 清舱顺序和人员站位正确，人和机保持安全距离。 **所有安全隐患已排查，安全确认完毕！**

现场示范图例	
示范图一	
示范图二	

5　解系缆工岗位示范清单

岗位	解系缆工
岗位职责	我是解系缆工，主要负责按照作业规定、劳动防护要求进行码头船舶解系缆，确保解系缆作业安全。

| 安全风险及管控措施 | 安全风险：
　　1. 未正确穿戴防护用具，采取肩缆、腹缆方式拖缆绳，可能导致坠海溺水。
　　*2. 码头缆桩不牢固，绞缆时未避让，可能导致缆绳绷断伤人。
　　3. 夜间解系缆时照明不足，可能导致坠海溺水。
　　4. 船舶靠离泊解系缆时，船岸沟通不到位，带缆人数不符合要求，可能导致人身伤害。 | 管控措施：
　　1. 正确穿戴合格的救生衣、防滑鞋等，运用正确姿势进行拖缆。
　　2. 作业前必须检查缆桩，站于缆绳延长线外 15m。
　　3. 码头保证有充足照明，及时处理码头面积水。
　　4. 掌握船岸沟通配合程序，根据船舶吨位配备工人数量符合要求。 |

| 隐患排查及现场安全确认 | 隐患排查及现场安全确认：
1. 已正确穿戴合格的防护用具，拖拽缆绳姿势正确。
2. 系缆桩牢固可靠，绞缆时与缆绳保持安全距离。
3. 码头照明充足，码头面无积水。
4. 船岸沟通畅通，人数符合要求。
所有安全隐患已排查，安全确认完毕！ |

现场示范图例

示范图一	
示范图二	

6 移场货运车司机岗位示范清单

岗位	移场货运车司机	
岗位职责	我是移场货运车司机，主要负责驾驶车辆转运货物，严格执行车辆检查和作业规定，遵守交通规则，确保移场运输安全。	
安全风险及管控措施	安全风险： 1. 未遵守道路交通规则，超载、超速驾驶、进入其他作业区域，可能导致人身伤害。 2. 车辆转向、刹车等机构失效，可能导致人身伤害。 *3. 移场爬坡堆高时，边坡防护不够、角度太大、警示不足，可能导致车辆翻车倾覆。 4. 车辆管理不到位，准驾不符，可能发生交通事故。	管控措施： 1. 按照道路交通安全规定装载货物和驾驶车辆，并在规定路线内行驶。 2. 按规定将车辆送外年检，定期进行维修保养，出车前必须履行检查程序，保证车辆正常。 3. 严格按照安全要求，做好边缘防护，保证料堆斜面角度小于60°，并在两侧设置警示标识。 4. 按照国家法规要求，驾驶证件内准予驾驶的合规车型。
隐患排查及现场安全确认	隐患排查及现场安全确认： 1. 车辆载重、速度符合规定，按照规定路线行驶。 2. 车辆各机构正常。 3. 料堆边坡防护到位，坡度小于60°，警示装置齐全。 4. 人、车相符，证件在有效期内。 **所有安全隐患已排查，安全确认完毕！**	

现场示范图例	
示范图一	
示范图二